Nitsch · Lirum, larum, Fingerspiel

Cornelia Nitsch

Lirum, larum, Fingerspiel

Klassische und neue
Kinderreime zum Vorlesen,
Vortragen und Mitmachen

Illustriert von Edda Köchl

Bassermann

Vorwort

Mit seinen Fingern spielt ein Baby schon in den ersten Lebenswochen: Es müht sich nach Kräften, seinen Daumen oder die ganze Hand in den Mund zu stecken. Klappt das Nuckeln endlich, ist es entspannt, hochzufrieden. Die Anstrengung hat sich gelohnt. Schon bald beginnt es, intensiver mit seinen Händen zu spielen, denn Finger sind ein abwechslungsreiches, wunderbares Spielzeug: lebendige, weiche Biegepuppen im Miniformat, mit denen sich eine Menge anfangen lässt – mit jedem Lebensjahr mehr. Finger können Theater machen: sich verbeugen, sich strecken, sich verkleiden. Im Licht als Schattenwesen durchs Zimmer tanzen. Können Musik machen: trommeln, klopfen und schnippen. Können zärtlich sein: kribbeln, krabbeln und streicheln.

Hören, sehen, fühlen, riechen, schmecken – jedes Kind braucht sinnliche Eindrücke in Fülle. Beim Spielen mit Fingern und Händen kann es diese wichtigen Erfahrungen sammeln. Es lernt, die Finger zu schmecken, an seinen Händen zu riechen. Lernt, die Bewegungen der Hände aufeinander abzustimmen und schließlich Spielzeug damit abzutasten.

Das Zusammenspiel von Augen und Händen, das Greifen klappt mit der Zeit immer besser. Jedes Fingerspiel, aber auch jedes Streicheln und Kitzeln der Hände ist ein wichtiger Impuls für das Nervensystem und bringt ein Kind so auch in seiner geistigen Entwicklung ein Stück weiter.

Dazu kommt: Das Kind freut sich am Rhythmus der Verse, am Klang der Laute – an dem Singsang, der Fingerspiele meist begleitet. Nach und nach wächst die Freude an Sprache. Kinder mögen seltsame Wörter und Wortkombinationen, lieben komische Geschichten und Geschichtchen und haben genug Phantasie, angeregt durch vorgegebene Spiele schließlich eigene Ideen zu entwickeln.

Beim Spielen bemüht sich ein kleines Kind, die Welt um sich herum und sich selbst zu erfassen – mit all seinen Sinnen ist es bei der Sache. Natürlich braucht es beim Spielen und Lernen auch die Unterstützung seiner Eltern. Es sehnt sich nach Mitspielern, mag nicht allzu lange allein gelassen werden. Zu zweit oder in der Gruppe macht das Spielen einfach mehr Spaß – vor allem, wenn dabei viel gelacht, viel geschmust wird.

Manche Mütter, manche Väter haben ihre Schwierigkeiten damit, sich beim Spielen einfach einzuklinken und ganz unbeschwert mitzumachen: »Was soll ich mit einem Kind reden, das den Sinn meiner Worte noch nicht versteht? Wie kann ich mit ihm spielen, wenn es noch keine Ahnung von Spielregeln hat? Welche Spiele eignen sich überhaupt für Babys, und welche sind in der Zeit danach aktuell? Woran haben Kleinkinder, haben Kindergartenkinder ihre Freude?« Nicht jeder kann auf Spiele aus der eigenen Kindheit zurückgreifen. »Kommt ein Mäuschen ...« und »Das ist der Daumen, der schüttelt die Pflaumen ... « – die meisten Erwachsenen haben nur noch ein paar Versanfänge und Reste von Spielanleitungen im Kopf.

Dieses Buch will die Erinnerungen an alte Kinderreime und -spiele auffrischen, bietet neben dem Bewährten, Althergebrachten auch neue Spiele, neue Reime an, und zwar ausschließlich solche, die sich mit den Händen nachspielen lassen.

Fingerspiele sind Klassiker unter den Spielen. Sie zählen zu den Schlaf- und Wiegenliedern, den Kniereitern und Trösteversen – zu den Spielen, die immer schon gefragt waren und immer noch gefragt sind: bei kleinen Kindern, aber auch bei größeren, dazu bei Müttern, Vätern, Großeltern ...

In den folgenden Kapiteln sind aber nicht nur alte und neue Fingerspiele zu finden, sondern auch wichtige Hintergrundinformationen, Hinweise, warum diese Spiele für die Entwicklung von Kindern so wichtig sind und was ihren besonderen Reiz ausmacht.

München, im Januar 2000 Cornelia Nitsch

Liebevolle Spielereien beim Wecken

Was Morgenmuffel zum Lachen bringt

Lauter zärtliche, kleine Schmusespiele mit Fingern und Händen, die aus dem Wecken eine liebevolle Angelegenheit machen und Kindern das Wachwerden auf sanfte Art erleichtern und den Start in den Tag versüßen

Zum Frühstück Hühnchen

Zum Frühstück gleich ein Hühnerbein,
nichts könnte besser sein.
Ich beiße fest hinein ins Bein.
Was schmeckt das Hühnchen fein.

Nach der Kinderhand greifen, am Daumen »knabbern« wie an einem Hühnerbeinchen.

Die Rabatz-Macher

Lärm machen sie und Mordsrabatz:
der Rumpelratz und Spiddelspatz,
der Schnubbelschatz und Fibbelfratz,
und unser kleiner Moppelmatz.
Sie wollen dich aufwecken
und dich ein bisschen schrecken.

Aus den fünf Fingern einer Hand werden Rumpelratz, Spiddelspatz und Co.

Mein Freund Plopppplopp

Wo steckt,
klopp, klopp,
mein Freund
Plopppplopp?

Mit einem Finger erst auf die rechte, dann auf die linke Wange klopfen, anschließend die Backen aufblasen und die Luft zum Schluss mit einem lauten »Plopppplopp« entweichen lassen.

Frühmorgenmassage

Zärtlich drücken und streicheln.
Der Haut liebevoll schmeicheln.

Dann den Rücken durchkneten.
In den Nacken trompeten.

Die Muskeln aufweichen.
Über die Schultern streichen.

Das Kind mit beiden Händen behutsam wachstreicheln, einen Kuss in den Nacken trompeten, Rücken und Schultern sanft massieren.

Wenn die Aufwecker kommen

Kommen die Necker,
Kinderaufwecker.
Kommen die Zupfer,
Bettdeckenhupfer.
Kommen die Rüttler,
Schläferwachschüttler.
Kriegen sie dich wach
mit ihrem Krach?

Mit allen zehn Fingern im Kinderbett ausschwirren, auf der Decke herumtoben, unter die Decke kriechen und das Kind wachzupfen, wachkitzeln, wachstreicheln und dazu einiges an Geräuschen fabrizieren.

Der Nasenklauer

Groß und knallebunt,
stark und kugelrund,
ein uralter Mann
schleicht leise heran.

Die Nas abschrauben,
die Nas dir rauben,
kommt er in der Früh
zu dir, tüdeldü.

Bricht zwickezwacke,
knickediknacke
die Nas gleich dir ab,
schnippedischnapp.

Dem Kind die Nase »abzupfen«: »Wo ist deine Nase?« Die Hand zur Faust ballen, den Daumen zwischen Zeigefinger und Mittelfinger herausschauen lassen: »Da ist deine Nase!«

Der Traum

In meinem Traum
ein Apfelbaum
mit Blütenschaum
tanzt auf dem Tisch
ganz flott und frisch
mit einem Fisch.

Die rechte Hand in einen Baum verwandeln: mit gespreizten Fingern in die Höhe recken und strecken. Die linke Hand als Fisch auftreten lassen.

Die Schmusekatze

Als ich früh erwachte,
eher, als ich dachte,
morgens gegen achte,
weckte ich ganz sachte
mit der großen Tatze
meine Schmusekatze,
die noch ritze, ratze
schlief auf der Matratze.

Mit einer Hand unter die Bettdecke kriechen, zuerst die Füße, dann die Beine, den Bauch, die Schultern, die Arme und zum Schluss den Kopf wachkitzeln.

Fünf-Finger-Massage

Das ist der Wirbelsäulenläufer.
Das ist der Rückenklopfer.
Das ist der Nackenkrauler.
Das ist der Haardreher.
Das ist der Hautreiber.

Mit dem Daumen die Wirbelsäule nachzeichnen.
Mit dem Zeigefinger auf den Rücken klopfen.
Mit dem Mittelfinger den Nacken kraulen.
Mit dem Ringfinger eine Haarsträhne eindrehen.
Mit dem kleinen Finger auf der Haut reiben.

Wenn der Daumen tanzen geht

Morgens früh um acht
ist er aufgewacht.
Wackelt gleicht recht munter
immer rauf und runter.
Tänzelt durch die Lande
mit seiner Zehnerbande.

Mit den Fingern spielen. Erst den Daumen in der Faust verstecken. Dann ihn wieder zum Vorschein kommen lassen. Mit dem Daumen wackeln. Ihn dann durch die Lüfte tanzen lassen und mit ihm alle zehn Finger in Bewegung setzen.

Der Papagei

Kommt der Papagei
morgens schnell vorbei
auf ein Frühstücksei.
Blödelt und macht Stuss,
gibt dir mit Genuss
einen dicken Kuss.

Mit einer Hand einen Papagei darstellen. Aus Zeigefinger und spitzem Daumen einen Schnabel formen. Erst mit dem Papagei ein bisschen herumspielen, ihn mal hier, mal da picken lassen, dem Kind zum Schluss per Schnabel einen Papageienkuss geben und dazu jede Menge Geräusche machen.

Der Knubbel

Sieh dir mal den Knubbel an,
was der Knubbel alles kann:
Der Daumen stellt den Knubbel dar.

Freundlich mit dem Kopf nicken,
Der Daumen wackelt mit dem »Kopf«.
in der Mitte einknicken,
Der Daumen knickt in der Mitte ein.
gegen deine Nase kicken,
Der Daumen wendet sich dem Kind zu,
tippt seine Nasenspitze an.
dir in die Ohren zwicken.
Der Daumen holt sich den Zeigefinger zu Hilfe.
Beide Finger zwicken das Kind sanft ins Ohr.

Dir »Guten Morgen« sagen.
Der Daumen umrundet die Augenhöhlen.
Über das Wetter klagen.
Der Daumen tippelt aufgeregt über die Stirn.
»Hast du gut geschlafen?«, fragen.
Der Daumen zupft an der Unterlippe.
Dich aus dem Bette jagen.
Der Daumen kitzelt das Kind hinterm
Ohrläppchen.

Zehn Guten-Morgen-Küsse

Guten Morgen, ihr Finger!
Ihr Kratz-, ihr Pike-Dinger!
Jedem geb ich einen Kuss.
Mit dem Schlafen ist jetzt Schluss.

Eine Fingerspitze nach der anderen wachküssen.

Morgenstündchen

Morgenstündchen.
Kommt das Hündchen,
kitzelt dich wach
und macht viel Krach.

Den Schläfer wachküssen und wachkitzeln.

WECKEN, ANZIEHEN UND NEBENBEI NOCH EIN MOMENTCHEN SPIELEN

Kinder – nicht nur die kleinen, sondern auch noch die größeren – brauchen zärtliche Zuwendung, um sich zu liebesfähigen, kontaktfreudigen und sinnlichen Erwachsenen entwickeln zu können. Sie brauchen Eltern, die sich mit ihnen beschäftigen, die mit ihnen spielen. Aufwendig muss das Spielen nicht sein. Gerade die kleinen Spielereien, wie Finger-, Wort- oder Schmusespiele, sind Favoriten bei Kindern.

Die Räuberbande

An dem schönen Morgen
trabt froh ohne Sorgen
durch die weiten Lande
eine Räuberbande.

Fünf Kerle gar prächtig,
die schleichen verdächtig
ins geheime Versteck
tief unter deiner Deck.

Wer die Bande sich schnappt,
auf frischer Tat ertappt,
bekommt zweifelsohne
einen Kuss zum Lohne.

Fünf Finger als Räuber auftreten lassen. Die Räuber schleichen sich vorsichtig an, verschwinden unter der Bettdecke und verkrümeln sich in ihr Versteck, schlüpfen zum Beispiel unter den Schlafanzug. Wer sie erwischt, wer die fünf Finger festhält, bekommt einen Kuß zur Belohnung.

Wir beide

Der hört die Sonne singen.
Der sieht den Wolken beim Spielen zu.
Der nimmt einen Baum in den Arm.
Der redet mit einer Pfütze.
Der schmeckt den Frühling.
Der riecht den Regen im Voraus.

Mit jeder Zeile einen anderen Finger antippen. Was könnten die übrigen Finger im Sinn haben?

Frühstück wird kalt

Sesamkörnchen
und Butterhörnchen.
Weich gekochtes Ei,
süßer Haferbrei,
ganz frischer Schinken,
Kakao zum Trinken.
Aufstehen jetzt bald.
Das Frühstück wird kalt.

Den Vers sagen, damit der Mund wässrig und das Aufstehen beschleunigt wird. Die schönen Sachen mit dem kleinen Finger schon vorweg auf den Mund zeichnen.

Zusammen essen und hinterher Blödsinn machen

Von Tischdeckenhüpfern und kleinen Gaumenkitzeln

Eine gemütliche Angelegenheit: Nach dem Essen noch ein Momentchen am Tisch sitzen bleiben, miteinander reden und nebenbei spielen – kleine liebenswürdige Spiele, die keinen großen Aufwand erfordern. Der Tisch ist eine brauchbare Spielfläche, Hände und Finger sind als Spielzeug gut geeignet

Das Waldhaus

Im Walde steht ein Haus,
Mit den Händen ein spitzgiebeliges Dach bilden.

guckt ein Reh zum Fenster raus,
Mit den Händen eine »Brille« formen.

kommt ein Häslein angerannt,
Mit den Fingern über Arm oder Bein laufen.

klopfet an die Wand:
Anklopfen.

»Hilf, ach hilf, ach hilf mir doch,
Die Arme voller Schrecken nach oben strecken.

sonst schießt mich der Jäger tot!«
So tun, als würde man ein Gewehr anlegen.

»Liebes Häslein, komm herein,
Das Häschen mit dem Zeigefinger anlocken.

reich mir deine Hand.«
Die Hand geben.

Die Vogelmutter

Eine Vogelmutter
sammelt Vogelfutter.
Ein, zwei Happen
will sie sich schnappen
Flattert auf und nieder,
füttert immer wieder.

Eine Hand spielt die Vogelmutter, die durch die Luft flattert, sich auf der anderen Hand niederlässt, Futter aufpickt und den kleinen Vogel füttert: das Kind, das mitspielt.

Wo steckt Victoria?

Klingklingklang Gloria,
wo steckt Victoria?
In alten Gemäuern,
bei Ungeheuern?

Mitten auf den Handteller mit einem Augenbrauenstift ein kleines Mädchen zeichnen. Dann die Hand zur Faust ballen und auf den Tisch legen. Wer schafft es, die Faust zu öffnen und das Mädchen zu befreien?

Der Fisch

Über den Tisch
schwimmt ein Fisch,
himmelblau
und dunkelgrau.

Einen Fisch basteln: Eine Hand auf dünnen Karton legen. Die Hand mit einem Stift umranden. Die aufgezeichnete Hand ausschneiden, als Fisch ausmalen und mit Klebeband an einem Steg befestigen.

Pudding kochen

Ein Spiel für zwei. Der eine lässt Daumen und Zeigefinger wie zwei Puppen auftreten und sprechen. Der andere führt per Pantomime mit beiden Händen vor, was da geschieht.

Der Zeigefinger sagt:
»Wir kochen Pudding!«

Der Daumen:
»Wir kochen Schokoladenpudding!«

Der Zeigefinger:
»Milch abmessen!«

Der Daumen:
»Zucker zugeben!«

Der Zeigefinger:
»Puddingpulver mit etwas Milch in einer Tasse verrühren.«

Der Daumen:
»Milch und Zucker zum Kochen bringen!«

Der Zeigefinger:
»Das angerührte Puddingpulver zugeben, umrühren, aufkochen lassen.«

Der Daumen:
»Fertig das Ganze!«

Nach dem gleichen Muster lassen sich viele Geschichten mit den Händen nachspielen.

Der Hasenkuss

Ein kleiner Hase
gibt deiner Nase
mit sehr viel Genuss
einen Hasenkuss.

Eine Hand zur Faust ballen. Mittel- und Ringfinger ausstrecken als Hasenohren. Der Nase mit der Faust einen zarten Stüber verpassen.

Die Trommler

Ein Spiel für zwei. Der ältere Spieler gibt verschiedene Rhythmen vor, trommelt mit den Fingern auf den Tisch. Der andere versucht mitzuhalten. Nach einer Weile werden die Rollen getauscht.

Der Meckerfritze

Wenn das Essen so gar nicht klappen will und sich eine leicht gereizte Stimmung breit macht, kann manchmal ein Spiel helfen, die Atmosphäre ein bisschen zu entspannen.

Der stochert im Brei,
löffelt lustlos und kleckert.
Wird wütend und meckert:
»Immer das gleiche Einerlei!«

Der stochert im Brei,
löffelt lustlos und kleckert.
Wird wütend und meckert:
»Immer das gleiche Einerlei!«

Die Spielanleitung: Die Hände unter den Tisch halten. Mit dem ersten Vers den Daumen auf die Tischkante legen, mit dem zweiten Vers den Zeigefinger usw. Wenn der kleine Finger an der Reihe ist, den Text abändern und sagen:

Der regt sich nicht weiter auf,
der nimmt den Brei gern in Kauf.

Kribbelkrabbelkriecher

Der linke ist ein Apfeltraum
ein riesengroßer Gartenbaum.
Den linken Ellenbogen auf den Tisch stützen, die Hand strecken: Das ist der Apfelbaum.

Der rechte ist am Waldessaum
ein ururalter Ahornbaum.
Den rechten Ellenbogen auf den Tisch stützen, die Hand strecken und die Finger spreizen: Das ist der Ahornbaum.

Durch die hohen Bäume witschen,
über ihre Äste flitschen
lauter Kribbelkrabbelviecher,
kleine wieselflinke Kriecher.
Erst mit der rechten Hand über die linke krabbeln, dann umgekehrt. Danach das Spiel zu zweit wiederholen.

Lüttje Mahler

Lüttje Mahler,
hier hast 'nen Taler.
gehe auf den Markt,
kauf dir 'ne Scholle,
frisch – keine olle,
dann komm nach Hause,
trink eine Brause,
setz dich zu Tische,
ess deine Fische –
kille, kille, kille.

Dem Kind mit einer Fingerspitze einen Kreis in die Handfläche zeichnen: einen Taler in die Hand zählen.

Ein Taler auf die Hand

Ein Taler auf die Hand,
kauf dafür Haus und Land,
Ställe und einen Hof,
ein Pferd und eine Kuh
und ein Kälbchen dazu.

Kraulkraul – das Kriechmaul

Ernestine Hupfer
und Theo Tupfer,
die springen – schau mal her –
auf dem Tisch kreuz und quer.

Nähert sich das Kraulkraul –
das große Kriechmaul,
das schaut nur so herum
und pustet beide um.

Den linken Zeigefinger als Ernestine Hupfer über den Tisch hüpfen lassen und den rechten als Theo Tupfer. Ein Mitspieler pustet und pustet, bis die beiden, Hupfer und Tupfer, umkippen. Danach das Spielchen mit verteilten Rollen wiederholen.

VERSPIELTE FINGERÜBUNGEN: DAMIT DIE HÄNDE GESCHICKTER WERDEN

Hände sind dauernd in Bewegung, haben die verschiedensten Dinge im Griff, packen an, lassen los, sind ein geniales Werkzeug mit hoch komplizierten Bewegungsabläufen. Deshalb sind sie auch ein besonders interessantes Spielzeug, gut geeignet zum Experimentieren: Was lässt sich mit solch einem Instrument anstellen? Was sind einfache, was schwierige Fingerübungen? Fingerspiele üben die Feinmotorik, die Geschicklichkeit der Hände.

Wenn Finger den Weg nicht kennen

Der eine Mitspieler stellt seinen Daumen mitten auf den Tisch. Der andere weist diesem Daumen jetzt den Weg, sagt zum Beispiel: »Ein Stückchen rückwärts gehen. Dann zwei Schritte vorwärts, nach rechts abbiegen, geradeaus gehen, bis ich halt sage, im Bogen nach links gehen!«

Wenn Besuch kommt

Zwei Damen,
die kamen
mit Koffer
zu Christoffer.

Kochten Brei
mit Rührei
zu Braten
und Salaten.

Zwei Finger über einen Handrücken laufen lassen – die Finger stellen die beiden Damen dar, die zu Besuch kommen. Dann die Hand umdrehen und die Innenfläche als »Kochplatte« benutzen.

Patsche, patsche Peter

Patsche, patsche Peter,
hinterm Ofen steht er,
flickt sein' Schuh und schmiert sein' Schuh,
kommt die alte Katz dazu,
frisst den Schuh und frisst den Schmer,
frisst mir alle Teller leer.

Nach der Melodie von »Backe, backe Kuchen« singen und dazu im Rhythmus in die Hände klatschen.

Die Geschichte von Maxe

Maxe will sich was trau'n.
Maxe will heut Pflaumen klau'n.
Maxe kraxelt auf den Baum.
Maxe schafft das Klettern kaum.
Maxe erreicht die Spitze.
Maxe stöhnt: »Ich schwitze!«
Maxe ist die Tour geglückt,
Maxe eine Pflaume pflückt.
Maxe – aus der Traum –
fällt vom Pflaumenbaum.

Den linken Ellenbogen auf den Tisch stützen. Die Hände ausstrecken, die Finger spreizen: Das ist der Pflaumenbaum. Dann zwei Finger der rechten Hand als Klettermaxe auf den Baum steigen und die Geschichte nachspielen lassen.

Der rote Drachen

Der rote Drachen
kann heut nix machen.
Er sitzt nur so rum,
ganz müde und stumm.
Da kommen zwei Feen,
wollen nach ihm seh'n.

Ein Spiel für zwei. Der eine nimmt sich der Feen an, der andere spielt den Drachen. Zwei Hände verwandeln sich in die beiden guten Feen, tippeln und tappeln emsig über den Tisch, krabbeln schließlich an dem Kind hoch und kitzeln es.

Kunigunde und ihr Vetter

Im Zoo ihren Vetter
trifft bei bestem Wetter
Kunigunde
um die Mittagsstunde.
Schau mal, wie die Affen
die beiden begaffen.

Von rechts kommen Zeigefinger und Mittelfinger der rechten Hand quer über den Tisch anmarschiert: Das ist der Vetter. Dann tippeln Zeigefinger und Mittelfinger der linken Hand zierlichen Schritts von links an: Das ist Kunigunde. Die beiden treffen sich mitten auf dem Tisch. Und dann wird gemeinsam beratschlagt, welche Tiere im Zoo man sich gemeinsam anschauen könnte.

Guten Tag, Madam

Guten Tag, Madam,
im Keller, Madam,
sitzt 'ne Ratt', Madam,
mit nem Schwanz, Madam
– ellenlang, Madam.

Bei jedem »Madam« erst auf den Tisch, dann leise auf den Kopf des Kindes klopfen, bei dem Wort »ellenlang« mit beiden Händen die Schwanzlänge zeigen.

Einsturzgefahr

Mein Haus ist zu bedauern,
ganz dünn sind seine Mauern.
Das Dach hat eine Spitze
und auch mal eine Ritze.
Die Balken sind schief und krumm,
das Haus kracht einfach um.

Die Ellenbogen auf den Tisch stützen, aus den Händen ein spitzgiebliges Dach bilden, das Haus langsam wackeln und schließlich zusammenkrachen lassen.

Der Gesundheitsbrei

Man nehme zwei Clementinen,
dazu dreizehn Apfelsinen,
noch etwas Honig und ein Ei,
fertig ist der Gesundheitsbrei.

Per Pantomime darstellen, wie Clementinen und Apfelsinen geschält werden und wie die Früchte in eine Schüssel gelegt werden: in eine Schüssel, gebildet aus zwei Händen.

Tuck, tuck, tuck, ihr Hühner

Tuck, tuck, tuck, ihr Hühner,
was macht ihr im Garten?

Tuck, tuck, tuck, ihr Hühner,
sollt doch draußen warten.

Tuck, tuck, tuck, ihr Hühner,
werd's dem Gockel sagen.

Tuck, tuck, tuck, ihr Hühner,
der wird euch verjagen.

Finger im Tuck-tuck-Rhythmus über den Tisch wandern lassen, bis ein kräftiger Daumen kommt und sie verjagt.

Ein Märchen

Ich erzähl ein Märchen
vom Klärchen.
Das Klärchen
hat Löckchen
und Glöckchen
am Röckchen,
und es wohnt
auf dem Mond.
Wirklich wahr,
Klärchen ist unsichtbar!

Mit dem Zeigefinger das unsichtbare Klärchen auf den Tisch zeichnen.

Bilderrätsel

Mit einem Finger unsichtbare Bilder auf den Tisch zeichnen und andere raten lassen, was das Gemalte darstellen soll.

Die Radeltour

Fix und geschwind,
schnell wie der Wind,
kommt es in Fahrt,
das Kind mit dem Rad.
Braucht keine Stunde
für eine Runde.

Mit dem Fingernagel des Zeigefingers eine Riesenradeltour auf die Tischdecke zeichnen.

Vier Fohlen

Vier Fohlen auf einem Haufen
will der Michel verkaufen.
Vier Finger der linken Hand und den Daumen der rechten Hand an die Tischkante legen.

Den Braunen mit Glanzfellen.
Dazu den Mutigen, Schnellen.
Dazu den edlen Schimmel.
Dazu den Schwarzen mit Bimmel.
Den kleinen Finger, den Ringfinger, den Mittelfinger und den Zeigefinger in vier Fohlen verwandeln. Mit den Fingern über den Tisch laufen.

Da ruft der Fünfte, Kleine:
»Leute, lasst mich nicht alleine!«
Zum Schluss den Daumen der linken Hand mitspielen lassen. Er läuft ein Stückchen mit. Danach kehren alle fünf Finger an den Ausgangspunkt zurück.

Tischkantentheater

Hier wird Theater gemacht, dass es
zischt und kracht:

Die Hand zieht eine Fratze und spielt:
»Ich bin die Katze.«

Die Hand zeigt starke Finger und spielt:
»Wir sind zwei Ringer!«

Die Hand holt Gespenster aus der Luft
und spielt: »Besucht die Geistergruft.«

Die Hand greift schnell nach deiner
Linken und spielt: »Zwei Hände wollen
winken!«

Erst allein mit einer Hand an der Tischkante Theater machen. Dann zusammen mit anderen Händen weiterspielen.

Die Ente

Im Plietschel-Platschel-Watschelgang
schlurft eine Ente hier entlang.
Dreht gemütlich eine Stunde
ihre Enten-Wander-Runde.

Beide Hände auf den Tisch legen und dann im Watschelgang über den Tisch wandern lassen.

Der Kriechmolch

So ein grässlicher Molch,
ein Gruselstrolch,
liegt faul im Häuschen
und macht ein Päuschen.
Mit mächtigem Geschnauf
wacht das Griesgram-Monster auf.

Eine Hand lose zur Faust ballen und auf den Tisch legen. Eine andere Hand als Molch in die Faust stecken und ordentlich laut schnarchen, schließlich mit lautem Getöse aufwachen und über den Tisch kriechen lassen.

EINMAL IST KEINMAL: KLEINE KINDER LIEBEN WIEDERHOLUNGEN

Was Erwachsene schnell langweilt, ist bei Babys und Kleinkindern besonders gefragt: Wiederholungen. Zweimal, dreimal dasselbe Spiel machen, ist für kleine Kinder nicht fade, sondern der Pfeffer an der Sache. Sie können ihre Lieblingsverse und -lieder nicht oft genug hören. Schon bei den ersten Worten beginnen sie zu lachen, denn sie wissen haargenau, was dann kommt, und genau das ist für sie der Reiz der ewigen Wiederholungen.

Nick

Die Geschichte von Nick auf den Tisch zeichnen.

Der Kleine heißt Nick.
Den Daumen hochhalten.
Nick ist ziemlich dick.
Mit dem Daumen wackeln.

Um Würste zu kaufen,
Mit den Fingern über den Tisch laufen.
ist Nick in den Laden gelaufen.
Einen Kreis auf den Tisch zeichnen.

Ist schnell nach Haus gegangen.
Die gleiche Strecke zurücklaufen.
Hat mit Kochen angefangen.
Wieder einen Kreis auf den Tisch zeichnen.

Hat alles gebuttert
Mit einem Finger »Butter« auf einen Daumen streichen.
und aufgefuttert.
Den Daumen in den Mund nehmen.

Pfannekuchen

Pfanne-, Pfannekuchen.
Äpfel musst du suchen.
Äpfel mit viel Zimt.
Du findest sie bestimmt.

Eine große Hand über eine kleine auf den Tisch legen, den Vers aufsagen und die Äpfel (kleine Hand) suchen lassen.

Lirum-Larum-Fingerspiel

Lirum-Larum-Fingerspiel,
diese Fünfe futtern viel.
Sie essen grüne Gurken,
die Zippel-Zappel-Schurken.

Ein alter Kindervers (in abgewandelter Form). Mit den ersten beiden Zeilen die linke Hand hochhalten und die Finger spreizen. Dann die rechte Hand hochhalten. Zum Schluss die Finger der rechten zwischen die der linken Hand stecken.

Wo die Tiere wohnen

Den Ellenbogen auf dem Tisch abstützen, die linke Hand nach oben strecken, die Finger spreizen und sagen: »Das ist eine dicke uralte Eiche.«

Den ersten Finger der rechten Hand zwischen Daumen und Zeigefinger stecken und sagen: »Das ist das Eichhörnchen, das hier wohnt!«

Den zweiten Finger der rechten Hand zwischen Zeigefinger und Mittelfinger stecken und sagen: »Das ist der Specht, der hier wohnt!«

Welche Tiere könnten die übrigen Finger darstellen – Tiere, die ebenfalls ihre Nester oder Behausungen hier haben?

Wer wohnt in dem Haus?

Vorne geht der Bär ins Haus,
Hinten kommt er wieder raus.

Vorne geht die Maus ins Haus.
Hinten kommt sie wieder raus.

Vorne geht der Hund ins Haus.
Hinten kommt er wieder raus.

Wer geht vorne jetzt ins Haus?
Wer geht hinten wieder raus?

Eine Hand, locker zur Faust geballt, auf die Tischkante legen. Bei der ersten Zeile jeweils einen Finger in die Faust stecken. Und bei der zweiten Zeile den Finger auf der anderen Seite aus der Faust herausgucken lassen.

Der Storch

Eins, zwei, drei, vier, fünf,
der Storch hat rote Strümpf',
die Schneck', die hat kein Haus,
Samba tanzt die Maus.

Eine Hand auf den Tisch legen, die Finger spreizen. Dann den Vers sprechen. Bei der ersten Zeile jeden Finger antippen.

Die Kringel

Ich back dem Kind zwei Kringel,
zwei zuckersüße Dingel.
Mit viel Marmelade
bestreich ich sie gerade.

Jeweils aus Zeigefinger und Daumen einen Kringel bilden. Auf die Kringel Marmelade geben: mit einem Finger drüberstreichen.

Der Regen

Es schüttet seit ’ner Stunde,
regnet Katzen und Hunde,
Wasser trommelt auf das Dach,
plätschert, pladdert und macht Krach.
Dann tröpfelt es noch leise
auf Sommerregenweise.

Den Regen nachmachen: Mit den Fingerspitzen auf eine Tischplatte trommeln, erst lautstark wie bei einem Wolkenbruch, dann verhaltener wie bei einem Landregen, schließlich zart und leise wie bei Nieselregen.

Bratapfel mit Soße

Einen Bratapfel ess ich gern.
Einen mit Nuss und Mandelkern.
Einen saftig dicken, großen
mit zwei verschiedenen Soßen.

Die linke Hand zur Faust ballen. Das ist der Bratapfel. Mit der rechten Hand zweimal aus verschiedener Richtung Soße aus der Luft schöpfen. Die Soße über den Apfel geben. Dann mit Genuss hineinbeißen und dem Mitspieler davon anbieten.

Besuch im Zoo

Eine große Hand auf den Tisch legen und auf die große eine kleine. Erst auf den Daumen der großen Hand tippen, dann auf den Daumen der kleinen Hand und sagen: »Eine Kuh und ein Kakadu.«

Jetzt auf den Zeigefinger der großen Hand tippen und auf den Zeigefinger der kleinen Hand und sagen: »Ein Hahn und ein Schwan!«

Nach und nach aus allen Fingern Tiere machen: Panther und Ganter, Löwe und Möwe, Giraffe und Affe usw.

Wem fallen noch mehr gereimte Pärchen ein?

Alle Tauben fliegen hoch

Wer mitmacht bei diesem Spiel, legt beide Hände auf den Tisch. Der jüngste Spieler beginnt, sagt zum Beispiel: »Alle Möwen fliegen hoch!« Daraufhin lassen alle die Hände durch die Lüfte flattern. Richtig, denn eine Möwe kann fliegen. Jetzt ist der Nächste an der Reihe, sagt zum Beispiel: »Alle Hunde fliegen hoch!« Falsch. Wer jetzt die Hände in die Luft streckt, hat einen Fehler gemacht und muss ein Pfand abgeben. Je schneller das Tempo, desto spannender das Spiel. Nach drei oder vier Runden endet das Spiel; dann werden die Pfänder ausgelost.

Kätzchen und Spätzchen

Das Kätzchen
macht Mätzchen.
Das Spätzchen
hält Schwätzchen.
Das Schätzchen
gibt Schmätzchen.

Mit der rechten auf die linke Hand tippen. Mit der linken Hand winken. Mit der linken Hand auf die rechte Hand tippen. Mit der rechten Hand winken. Zum Schluß das Kind in die Arme nehmen und ihm einen Kuß auf die Nase geben.

Rosinenbrot auf die Hand

Der dicke Daumen hat Hunger.
Der dicke Daumen macht sich ein
Rosinenbrot
mit Zitronenbutter,
mit Himbeermarmelade,
mit Zuckerkrümeln.

Mit dem Daumen über die Handfläche streichen. Die Hand ist das Rosinenbrot. Und auf das Rosinenbrot wird erst Zitronenbutter gestrichen, dann Himbeermarmelade, und zum Schluss werden ganz viele Krümel darauf getippt.

Der Schlüsselbund

Ein Schüsselbund,
eiskalt und rund,
ein Silberring,
ein Klimperding
rapp-rapp-rappelt,
zapp-zapp-zappelt.

Ein Schlüsselbund – beliebtes Spielzeug bei kleinen Kindern. Da gibt es viel Unterschiedliches zu tasten und zu fühlen.

Auf großer Wanderung

Fünf Finger laufen herum.
Der Daumen kann nicht mehr und fällt um.
Vier Finger laufen herum.
Der Ringfinger mag nicht mehr und fällt um.
Drei Finger laufen herum.
Der Mittelfinger darf nicht mehr und fällt um.
Zwei Finger laufen herum.
Der Zeigefinger will nicht mehr und fällt um.
Ein Finger läuft herum.
Der kleine Finger ruft: »Ganz allein steh ich hier! Bitte, bitte kommt zu mir!«
Fünf Finger laufen herum ...

Alle fünf Finger einer Hand erst herumlaufen, dann nach und nach schlapp machen lassen. Gar nicht so einfach, einige Finger stillzuhalten und andere gleichzeitig zu bewegen. Danach das Spiel von vorne beginnen.

Der Wolkenkratzer

Wir bau'n einen Turm mit Ritzen,
da siehste Himmel durchblitzen.
Schon beginnt das Ding zu wanken,
grässlich zu schwanken.
Dann kracht das Ganze mit Krawumm
plötzlich einfach um.

Im Sitzen einen Turm bauen. Eine Faust auf die andere setzen. Die untere immer wieder auf die obere. Wenn der Wolkenkratzer so hoch ist, dass jetzt einer aufstehen müsste, um weiterzubauen, ist Schluss mit der Bauerei, der Turm fällt um. Jetzt machen alle Fäuste nach, wie sich das anhört, wenn ein Wolkenkratzer zusammenstürzt: Sie trommeln auf den Tisch.

Eiskunstlauf

Erst einen Finger als Eiskunstläufer auf einem Tisch nach Musik dahingleiten lassen. Wichtig: Der Tisch muss eine glatte Oberfläche haben. Kreise drehen, Achten laufen – welche Kunststücke zeigt der Eiskunstläufer? Dann einen zweiten Finger dazunehmen und einen Paarlauf veranstalten. Wenn mehrere mitspielen: mehrere Paare gleichzeitig auftreten lassen.

Das Schnappe-Schnäppchen

Kommt ein Schnappe-Schnäppchen,
mopst sich kleine Häppchen.
Soll's nicht so viel fressen,
musst du schneller essen.

Finger und Daumen wie ein Riesenmaul auf- und zuklappen.

Fräulein Blüm

Fräulein Blüm
im Kostüm
ungestüm
sammelt Krüm'.

Auf einem Tischtuch feine Krümel verteilen. Die Krümelchen zu zweit um die Wett einsammeln. Gar nicht so einfach, die feinen Dinger schnell aufzupicken.

Meister Boller

Meister Boller,
ein ganz toller
wundervoller
Supertänzer.

Eine Hand zur Faust ballen und mit der Faust auf dem Tisch herumtanzen.

Stein, Schere und Papier

Ein bewährtes Knobelspiel. Ein Spiel für zwei. Jeweils eine Hand zur Faust ballen. Bis drei zählen. Bei drei die Faust öffnen und mit der Hand eins der vorgegebenen Zeichen darstellen.

Bleibt die Faust geschlossen, heißt das Zeichen STEIN. Werden Zeigefinger und Daumen gespreizt, heißt das Zeichen SCHERE. Wird die flache Hand senkrecht ausgestreckt, heißt das PAPIER.

Treffen Stein und Schere aufeinander, gewinnt der Stein, weil er die Schere schleift. Treffen Schere und Papier zusammen, gewinnt die Schere, weil sie Papier schneidet. Treffen Papier und Stein zusammen, gewinnt das Papier, weil es den Stein einwickelt.

Treffen gleiche Zeichen zusammen, wird das Spiel noch einmal wiederholt.

Trösten und Mut machen

Tränentrockner und Kummervertreiber

Ein trockenes Schluchzen. Jede Menge Tränen kullern. Der Kummer ist riesengroß, wenn etwas schief läuft beim Spielen. Oder wehtut. Liebevolle Spiele und Verse können hier Wunder wirken. Sie beruhigen und trösten, sie lenken von dem Kummer ab und vermitteln dem Kind das Gefühl: Alles halb so schlimm. Wird schon wieder gut. Ich bin nicht allein mit meinen Nöten. Da ist jemand, der sich Zeit für mich nimmt, der mich lieb hat

Fünf Tröstefinger

Der wischt die Tränen weg.
Der streichelt die Augen.
Der trocknet die Wimpern.
Der zieht die Mundwinkel hoch.
Der verscheucht den Kummer.

Sonnenschein

Heile, heile, Sonnenschein,
wird schnell wieder besser sein.
Es dauert eine Weile,
ist alles wieder heile.

Mit dem Zeigefinger eine Sonne um die Stelle zeichnen, die wehtut.

Der Streichelbär

Ich streichel den Hubbel.
Ich kitzel den Knubbel.
Ich küss erst die Nasspitze
und schnell dann die Mundritze.

Der rechte Daumen spielt den Streichelbären. Der Bär streichelt erst die rechte, dann die linke Wange, hüpft jetzt auf die Nasenspitze und streichelt schließlich den Kindermund.

Der Tippeltappel

Hallo Kuno,
hallo Bruno,
hallo Nina,
hallo Tina,
hallo Kathi,
hallo Nati
– schön, euch zu sehen,
schon muss ich gehen,
tippel, tippel, tapp,
ich hau wieder ab!

Mit dem Zeigefinger der linken und der rechten Hand spielen: Zuerst zwei Kinderaugen damit umrunden, dann die beiden Augenbrauen nachzeichnen, die beiden Ohrläppchen streicheln und zum Schluss mit beiden Fingern auf den Kinderwangen tanzen und mit den Fingern auf und davon springen.

Herr Brummel und Frau Lächel

Mit einem Augenbrauenstift auf die linke Hand ein trauriges Gesicht zeichnen. Das ist Herr Brummel: zwei Punkte als Augen. Ein Längsstrich als Nase. Ein Bogen als Mund. Mundwinkel nach unten gebogen. Auf die rechte Hand ein lächelndes Gesicht zeichnen. Das ist Frau Lächel: zwei Punkte als Augen. Ein Längsstrich als Nase. Ein Bogen als Mund. Mundwinkel nach oben gebogen. Dann Geschichten über Herrn Brummel und Frau Lächel erfinden, erzählen, warum der eine so traurig und die andere so guter Dinge ist. Das Ganze ausschmücken und weiterspinnen.

Ännchen

Ännchen, liebes Ännchen,
bist du gesund?
Einen Kuss auf die Kinderhand geben.

Wie geht's deiner Katze,
wie geht's deinem Hund?
Die Hand streicheln.

Sag nur, ich lasse sie grüßen
Mit einem Finger einen Kreis auf den Handrücken zeichnen.

vom Kopf bis zu den Füßen.
Mit einem Finger erst an den Kopf des Kindes, dann an seine Füße tippen.

Das Gesicht

Wie mit einem weichen Pinsel das Kindergesicht per Finger zärtlich nachzeichnen und gleichzeitig beschreiben, was gerade gezeichnet wird:

Zuerst zeichne ich dein Gesicht.
Dann deine schönen Augen.
Deine zarten Augenbrauen.
Deine kleine Nase.
Deine schlabberigen Ohren.
Deinen frechen Mund.
Dein spitzes Kinn.
Ich zeichne ein Kind,
das nicht länger traurig sein muss!

Der kranke Bär

Schau her, schau her,
krank ist der Bär.
Liegt matt im Stroh
und jammert so:

Schau her, schau her,
krank ist der Bär.
Liegt matt im Stroh
und jammert so ...

Mit dem Zeigefinger einen Bären auf die Hand zeichnen und ihn »gesund« pusten.

Der Brummer

Ein schneller Summer,
Eine Faust bilden.
dicker Brummer,
Die Faust als Brummer durch die Lüfte summen und Richtung Kind fliegen lassen.
schnappt deinen Kummer.
Die Faust kurz öffnen. Mit Finger und Daumen sanft in die Nase kneifen, danach die Faust schnell wieder schließen.
Holt ihn von dir,
Den Brummer auf dem eigenen Kopf landen lassen.
bringt ihn zu mir.

Franz Xaver – der Trostspender

Ein weiteres Spiel, das sich dazu eignet, Kinder von ihrem Kummer abzulenken: Eine Faust machen und dann das Gesicht von Franz Xaver so über Daumen und Zeigefinger zeichnen, dass die Kerbe dazwischen zu seinem Mund wird. (Die Faust von der Seite anschauen.) Werden Daumen und Zeigefinger bewegt, kommt Leben in das Gesicht. Franz Xaver kann lächeln und trösten. Zu den Mundbewegungen mitsprechen.

3 x

Die Pute

Traurig zumute
zieht die Pute,
eine Schnute.

Sei nicht möppelig,
dusel – döppelig.
Musst wieder lachen,
Witze machen.

Den Vers sagen und gleichzeitig das Gesicht mit einem Finger umrunden. Einmal, zweimal – immer wieder.

Der Mund

Ich kenn einen Mund,
klitzeklein rund,
hängt mitunter
einfach runter.
Musst ihn zwacken,
leise packen,
streicheln, loben,
schon zeigt er nach oben.

Die Lippen sanft mit ein, mit zwei Fingern massieren – vor allem die Mundecken vorsichtig nach oben ziehen, bis das Kind auf den Blödsinn eingeht und anfängt mitzulachen.

Wenn das Unwetter vorbei ist

Zwei Tage Eis und Frost,
zwei Tage Wind von Fernost,
zwei Tage Sonnenschein,
wird schon alles besser sein.

Die Hand dahin legen, wo's wehtut.

Kleines Glück

Kleines Glück,
Zuckerstück,
Strahlemann –
lach mich an!

Das Kind mit allen zehn Fingern streicheln, anlächeln, seinen Blick festhalten.

Ringlein, Ringlein

Ringlein, Ringlein,
du musst wandern,
von dem einen
zu dem andern,
das ist lustig,
das ist schön,
lasst das Ringlein
nur nicht seh'n!

Ein Spiel, mit dem sich kleine Kinder schnell ablenken lassen von Ärger oder Kummer: Einen Ring immer wieder heimlich still und leise von der rechten in die linke und von der linken in die rechte Hand geben. Am Ende des Liedes muß das Kind raten, in welcher Hand der Ring gerade steckt.

Der Tränenwegwischer

Mit dem rechten Zeigefinger die Tränen wegwischen, die aus dem rechten Auge des Kindes kullern, mit dem linken Zeigefinger die Tränen, die aus dem linken Auge kullern. Die beiden Finger miteinander sprechen lassen. So zum Beispiel: Linker Finger sagt zum rechten Finger: »Musst du auch eine Riesenpfütze wegwischen?« Rechter Finger sagt zum linken Finger: »Das ist schon keine Pfütze mehr, sondern ein Tümpel!« Usw.

Pustespiel

Pitsche, patsche,
ritsche, ratsche –
eins, zwei und drei –
der Schmerz ist vorbei.
Ich pust ihn einfach weg –
fünfmal um die Eck.

Erst in die Hände klatschen. Dann die Hände zu Fäusten ballen. Die Fäuste aufeinander stellen, hin und her drehen. Dann einen Finger auflegen – da, wo's wehtut – und den Schmerz wegpusten.

FINGERSPIELE: WICHTIGE IMPULSE FÜR NERVENSYSTEM UND GEHIRN

Fingerspiele wirken sich nicht nur positiv auf die Entwicklung der Feinmotorik aus, sie sind auch wichtige Impulse für das Nervensystem. In den Fingerkuppen befinden sich die meisten Tastkörperchen – an die 150 pro Quadratzentimeter. Diese »Fühler« leiten Wahrnehmungen, Reize weiter an die zuständigen Zentren im Gehirn. Je mehr Reize dort zu verarbeiten sind, desto besser für die Entwicklung des Gehirns. Fingerspiele sind also viel mehr als nur »Gymnastik« für die Hände.

Der Mops

Stell dir vor, der Mops ist krank,
Den kranken »Mops« streicheln.
braucht grünen Kräutertrank,
Aus einer Hand ein Töpfchen formen.
In dem Töpfchen rühren.
braucht zwei Löffel Hirsebrei,
So tun, als füttere man den kranken »Mops«.
dann ist das Kranksein schnell vorbei.
Sich vor Kraft strotzend recken und strecken.

Teddygrüße

Der Teddy lässt dich grüßen
vom Kopf bis zu den Füßen.
Er bläst in seine Tute
und wünscht dir alles Gute!

Das Kind von Kopf bis Fuß streicheln. Zum Schluss die Backen aufblasen und die Luft wieder unter möglichst lautem Getöse entweichen lassen.

Heile, heile Kätzchen

Heile, heile Kätzchen,
Mit dem Finger einen Kreis um die Verletzung zeichnen.
das Kätzchen hat vier Tätzchen
Vier Finger auf die Verletzung legen.
und einen langen Schwanz –
Mit dem Finger einen Strich auf die Haut zeichnen.
morgen ist alles wieder ganz.
Den Kopf des Kindes streicheln.

Ein Vers zum Trösten, wenn ein blauer Fleck oder eine Wunde zu beklagen ist.

Kröten-Singsang

Klinge-di-klang,
Kröten-Singsang:
»Nimm ein bisschen Tee,
tut's nicht mehr so weh!«

Eine Hand als Kröte kreuz und quer über das Kind hüpfen lassen und gleichzeitig die letzten beiden Zeilen singen.

Im Sandkasten spielen

Wenn Patschhände im Sand matschen

Der Sandkasten ist der beste aller Spielplätze für kleine Kinder. Hier können sie mit den Händen schaufeln und graben, wühlen und kratzen – ausprobieren, wie sich warmer oder kalter, feiner oder grober Sand anfühlt und was alles damit anzufangen ist

Tröpfeltannen

Je feiner der Sand, desto besser lässt sich dieses Spiel mit Sand und viel Wasser verwirklichen. Machen mehrere Kinder mit, kann in kurzer Zeit ein ganzer Wald aus Tröpfeltannen entstehen – mit Tannen aus nassem Sand. Und so entstehen die Tannen:

- Nassen Sand in eine Hand nehmen.
- Die Hand zur Faust ballen.
- Den Sand aus der Hand auf eine Sandfläche drücken.
- Wieder feuchten Sand in die Hand nehmen. Wieder den Sand aus der Faust auf das erste Sandhäufchen drücken.
- Das Ganze so oft wiederholen, bis aus den Sandhäufchen langsam eine Tanne gewachsen ist.

Sandbilder

Sand anfeuchten. Eine möglichst glatte Fläche in den Sand klopfen. Mit dem Zeigefinger ein Bild in den Sand zeichnen – zum Beispiel ein Segelschiff.

Wenn mehrere Kinder mitspielen, kann ein Wettspiel daraus werden: Wer das Bild im Sand zuerst erkennt, darf in der nächsten Spielrunde vorzeichnen: Wieder mit dem Finger ein Bild in den Sand ritzen und andere raten lassen, was das Bild darstellen soll.

Sandmann

Sandmännchen
steht bei Sturm
auf dem Turm.

Feuchten Sand festklopfen. Mit einem Zeigefinger in die glatte Fläche einen Turm zeichnen mit einem Sandmann, der auf der Turmspitze balanciert.

Der Sandbagger

Sand schaben.
Sand graben.
Sand schäufeln.
Sand häufeln.

Die Hände als Riesenschaufeln benutzen und damit im Sand baggern.

Der Saurier

Aus seinem Verliese
tappt ein schwerer Riese.
Macht Zinnober,
der Trumm von Tober.
Mit zwei flachen Händen als Dinosaurier durch den Sandkasten toben.

Durch das Sandgemäuer
latscht ungeheuer
Bing-Bing-Bino,
der große Dino.
Mit den Händen kreuz und quer im Sandkasten herummarschieren und sichtbare Spuren hinterlassen.

Das Tier ist mordsmäßig
unheimlich gefräßig.
Dino will nur mampfen,
dann schnell verdampfen.
Mit den Händen im Sand graben, jede Menge Sand schaufeln.

Kommen lauter Männer,
schnelle Watzerenner,
fangen den Dino ein –
schaffen das ganz allein.
Jetzt hat ein zweiter Mitspieler seinen Einsatz. Mit zehn Fingern durch den Sand tappeln und die Hände festnehmen, die den Saurier darstellen. Natürlich lassen sich die Hände nicht so einfach überwältigen.

Die Kuchenrolle

Eine wundervolle,
supertolle
Kuchenrolle –
wer will sie haben
wer sich dran laben?

Aus nassem Sand zwischen den Handflächen eine Rolle formen.

Wühlmäuse

Ein Spiel für zwei. Zuerst einen Sandberg schaufeln. Dann einen Tunnel mit den Händen durch den Berg buddeln. Der eine gräbt von der rechten, der andere von der linken Seite aus. Wo treffen sich die Hände?

Kleckermatsche

Im nassen Sand matschen.
Einfach so patschen.
In Matsche rühren.
Kälte, Nässe spüren.

Sand unter Wasser setzen und mit beiden Händen durchrühren.

Im Garten

Auf eine festgeklopfte Fläche im Sandkasten mit einem Finger einen Garten mit Wegen und Grasflächen zeichnen. Und dann mit den Fingern in diesem Garten spielen:

Achtung, fertig – los,
fünf Kinder starten,
rennen zum Garten.

Nummer eins
schmeißt einfach zum Spaß
sich fröhlich ins Gras.

Nummer zwei
hüpft rund herum im Kreis
ums Blumenbeet in Weiß.

Nummer drei
springt mit Juchhu
wie ein Känguruh.

Nummer vier
steht auf dem Rasen,
will nur noch grasen.

Nummer fünf
kriechet auf dem Bauch
unter einen Strauch.

Wenn sich zwei Hände treffen

Eine kleine Patsche
und eine große Klatsche
wandern durch die Wüste.
Durch den Sand, den weichen,
ganz langsam sie schleichen.
Endlich eine Wüstenmaus
führt sie aus der Wüste raus.

Die Geschichte mit zwei Händen und einem kleinen Finger nachspielen.

Katzentatzen

Zwei Katzentatzen
kratzen
Spuren in Sand.

Der geheimnisvolle Sand

Im Sand einen Schatz vergraben und anschließend den Sand wieder schön festklopfen. Dann Mitspieler auffordern, als Schatzsucher um die Wette mit den Händen nach dem Schatz zu buddeln.

Klöpse

Erster Schritt:
Aus nassem Sand Klöpse formen: Wem gelingt es, die rundesten, die glattesten Klöpse zu formen?

Zweiter Schritt:
Aus den Kugeln eine Mauer bauen oder eine Burg oder ein Haus.

Sonnenspiel

Ein Spiel für zwei. Der erste Schritt: Mit einem Finger eine große Sonne in feuchten, glattgeklopften Sand zeichnen. Eine Sonne mit vielen Strahlen.

Der zweite Schritt: Immer abwechselnd auf einen Strahl nach dem anderen tippen und dabei immer neue Vornamen nennen. Oder Tiernamen. Oder Städtenamen.

Die Hasen

Zwei Hasen, die grasen
auf Rasen.
Zwei Hasen, die hoppeln
über Stoppeln.
Zwei Hasen, die träumen
unter Bäumen.
Zwei Hasen, die saßen
an Straßen.
Zwei Hasen, die tanzen
hinter Pflanzen.

Die Daumen als Hasen durch den Sandkasten hüpfen lassen. Wie lässt sich die Geschichte fortsetzen?

Der Kunstreiter

Zuerst ein paar Kreise drehen.
Die Zuschauer freundlich ansehen.
Das Pferd sanft zügeln und lachen.
Eine Menge Wirbel machen.
Über Hindernisse springen.
Dabei eine Fahne schwingen.
Dann langsam im Zickzack schreiten
und aus der Manege reiten.

Zirkus spielen. Zuerst im Rhythmus des Verses Kreise in nassen Sand zeichnen und dann mit dem Finger die übrigen Kunststücke im Sand nachspielen.

Familie Sandmüller

Vorbereitungen für das Sandspiel: Zwei kleine Hände auf Pappe legen, mit einem Stift umranden und ausschneiden. Dann zwei große Hände auf Pappe legen, mit einem Stift umranden und ausschneiden. Aus den Papphänden Vater, Mutter und zwei Kinder machen: Gesichter aufmalen und Muster. Auch die Rückseiten der Hände anmalen. Dann hinter jede Figur einen Schaschlikspieß kleben und Familie Sandmüller zum Spielen mit in den Sandkasten nehmen.

Handabdrücke

Feuchten Sand festklopfen. In der glatten Fläche zwei große und zwei kleine Hände tief abdrücken. Die Abdrücke mit Gips ausfüllen. Ist der Gips getrocknet, die Gipsabdrücke aus dem Sandbett lösen.

Der Wüterich

Den Sand foppen.
Den Sand kloppen.
Den Wüterich stoppen.

Einen Sandberg anhäufen. Den Sandberg glatt und fest klopfen. Dann den Sand mit beiden Fäusten bearbeiten.

WENN SICH ELTERN BEIM SPIELEN EINE ABFUHR EINHANDELN

Wenn Eltern mit ihren Kindern spielen wollen, tun sie's häufig einfach. Da wird nicht lange gefragt, ob's auch genehm ist. Einfach so überfallen zu werden, missfällt vielen Kindern – erst recht, wenn sie gerade mitten im eigenen Spiel sind. Sie fühlen sich dann bedrängt, reagieren mit Abwehr auf den Übergriff. Zeigt ihr Kind ihnen die kalte Schulter, sollten sich Eltern nicht darüber hinwegsetzen. Ein Kind – und sei es noch so klein – hat das Recht, selbst zu bestimmen, wann es wie und wie lange mit wem spielen möchte. Das zu akzeptieren fällt vielen Müttern und Vätern manchmal nicht leicht.

Landeplatz

In festgeklopftem Sand einen Landeplatz bestimmen. Versuchen, einen Ball so in die Luft zu werfen, dass er möglichst genau auf dem markierten Platz landen wird. Zu zweit spielen. Wer ist besonders treffsicher?

Ballkuhle

In festgeklopften Sand eine ballgroße, kleine Mulde graben. Dann zu zweit oder dritt abwechselnd von einer Startlinie aus mit dem Zeigefinger einen Pingpongball Richtung Mulde kicken. Wer trifft die Mulde auf Anhieb?

Der Flieger

Bin nach Sumatra geflogen.
Bei Istanbul rechts abgebogen.
In der Wüste gelandet.
Im heißen Sand gestrandet.

Die rechte Hand in einen Flieger verwandeln. Den Flieger mitten im Sandkasten landen lassen und eine Abenteuergeschichte dazu erfinden.

Hände drucken

Feuchten Sand festklopfen. Lauter Hände mit gespreizten Fingern in dem Sand abdrücken. Große und kleine Hände, rechte und linke. Aus vielen Abdrücken ein Sandbild gestalten.

Auf dem Schoß sitzen und schmusen

Für Kuschelmäuse und Knuddelhasen

Auf dem Schoß sitzen, sich ankuscheln, die Wärme des anderen spüren – dieses Gefühl von Geborgenheit genießen alle Kinder. Umso mehr, wenn nebenbei noch gespielt wird. Mit den Händen. Hände und Finger sind allerbestes Spielzeug. Vielseitig. Unzerbrechlich. Biegbar. Phantasieanregend

Eine kitzelige Angelegenheit

Fünf Fingerlinge steh'n herum.
Der Erste singt: »Schipi-Schrumm,
Schrumm.«
Der Zweite lacht sich schief und krumm.
Der Dritte steht stocksteif und stumm.
Der Vierte schaut sich suchend um.
Und dieser kleine Trumm,
der kitzelt dich wie dumm.

Ein Spiel für eine große und für eine kleine Hand. Zuerst haben die Finger der großen Hand ihren Auftritt und spielen den Vers nach. Danach sind die Finger der kleinen Hand an der Reihe und wiederholen das Ganze samt Kitzeleinlage.

Das Flattertier

Ein Flattertier,
das siehst du hier,
zwei Flügel dran,
schau es dir an.

Ist das Flattertier ein Adler?
Oder eine Fledermaus?
Oder eine Krähe?
Oder ein Spatz?

Zwei Hände in ein Flattertier verwandeln: Die Arme vor die Brust halten. Die Hände über Kreuz legen, Handrücken nach außen. Die Daumen hochstrecken, aneinander legern. Dann mit den Händen flattern.

Die Rinderherde

Meine fünf Kinder
Alle fünf Finger der rechten Hand ausstrecken.

hüten fünf Rinder.
Alle fünf Finger der linken Hand ausstrecken.

Das erste Rind weiß wie Schnee.
Auf den Daumen der linken Hand deuten.

Das zweite braun wie ein Reh.
Auf den Zeigefinger der linken Hand deuten.

Das dritte rund wie ein Schwein.
Auf den Mittelfinger der linken Hand deuten.

Das vierte lustig und klein.
Auf den Ringfinger der linken Hand deuten.

Das fünfte frech wie ein Huhn.
Auf den kleinen Finger der linken Hand deuten.

Das tanzt in goldenen Schuh'n.
Zum Schluss tanzen alle Finger.

Das Lied vom Lu-Latsch

Li-Lu Lu-Latsch,
der macht nur Quatsch:
Tanzt ganz locker
wie ein Rocker.
Piept laut und schrill,
weil er das will.
Fiept grausig schief,
grunzt dann ganz tief.
Quäkt und macht Krach,
gluckst wie ein Bach.

Bei diesem Spiel ist der Mittelfinger Hauptperson. Er rockt wüst durch die Gegend.

Was sich zehn Finger wünschen

Ich wünsch mir einen Blumenrock.
Ich mir einen Ebenholzstock.
Ich mir dreizehn Elefanten.
Ich mir drei lustige Tanten.
Ich mir einen goldenen Schwan.
Ich mir ein Herz aus Marzipan.
Ich mir einen Kartoffelstampfer.
Ich mir Mississippidampfer.
Ich mir ein rosa Klavier.
Und ich – ich wünsche mir:
ein Küsschen von dir!

Ein Spiel für zwei kleine und zwei große Hände.

Der erste Teil: Erst kommen die großen Hände an die Reihe. Beide Hände zu Fäusten ballen. Mit der ersten Zeile den Daumen der rechten Hand zeigen, mit der zweiten Zeile den Zeigefinger, mit der dritten Zeile den Mittelfinger usw. Das Spiel endet, nachdem alle zehn Finger aus den Fäusten herausgekrabbelt sind, mit einem Kuss.

Der zweite Teil: Jetzt kommen die kleinen Hände an die Reihe. Was könnten sich die zehn Finger dieser Hände wünschen?

Tirolerhut

Liebe Tante, sei so gut,
schenk mir ein' Tirolerhut.
Nicht zu groß und nicht zu klein,
sonst passt nicht der Daumen rein.

Fünfmal streicheln

Leise weht der Wind –
wir streicheln das Kind.
»Ich streichel die Lippen«,
sagt der Kleinste.
»Ich streichel die Nase«,
sagt der Schönste.
»Ich streichel die Wangen«,
sagt der Längste.
»Ich streichel das Kinn«,
sagt der Klügste.
»Ich streichel die Lippen«,
sagt der Dickste.

Max und Ute

Mit dem Zeigefinger nebeneinander zwei Punkte als Augen auf eine Kinderhand zeichnen. Zwischen die Punkte einen Klacks als Nase geben. Dann das Ganze umrunden und fragen: »Was ist das?« Die Antwort besteht aus einem Dreizeiler:

Kreis, Kreis –
Klacks –
ich zeichne dir den Max.

Eine Variante:

Kreis, Kreis,
Schnute –
ich zeichne dir die Ute.

Chinesisches Kochrezept

Sing sing ping,
Dreimal mit dem Zeigefinger auf die Handfläche tippen.
ling piang chu –
Dreimal mit dem Zeigefinger die Handfläche umrunden.
ich schneide alles klein.
Mit dem Zeigefinger Linien quer über die Handfläche zeichnen.
In Pfannen geb ich's rein.

Sing sing ping,
ling piang chu –
süß-saurer Fisch
kommt auf den Tisch.

Zweite Strophe: Bei den ersten beiden Zeilen das Ganze wiederholen. Dann die flache Hand auf den Handteller legen und den »Fisch« servieren.

Handlesen

Je mehr mitmachen bei diesem Spiel, desto spannender das Ganze. Einem Mitspieler die Augen verbinden und dann ausprobieren, ob er in der Lage ist, die übrigen Mitspieler zu erkennen, indem er ihre Hände abtastet. Natürlich müssen alle mucksmäuschenstill sein während des Spiels.

Grüne, rote, blaue Hände

Vorbereitungen für das Spiel: Ein weißes T-Shirt auf einen Tisch legen. Auf die Vorderseite des Shirts vier Kinderhände legen. Eine Hand mit einem grünen, eine zweite mit einem roten, eine dritte mit einem blauen und eine vierte mit einem gelben Stoffmalstift umrunden. Die Hände mit Stiften in den entsprechenden Farben ausmalen. Auf die gleiche Art drei weitere T-Shirts bemalen.

Das Spiel: Zu fünft spielen. Einer macht den Spielleiter, alle anderen ziehen die bemalten T-Shirts an. Ruft der Spielleiter »Rot«, legt jeder Spieler eine Hand auf eine rot gemalte Hand, ruft er »Blau«, auf eine blau gemalte Hand. Wer am schnellsten ist, bekommt einen Punkt. Gewinner ist, wer nach zehn Spielrunden die meisten Punkte gesammelt hat.

Das Krabbeltier

Das Krabbeltier,
das Krabbeltier –
was will das Tier
denn bloß von dir?

Dich packen.
Dich zwacken.
Dich locken.
Dich schocken.
Dich zwicken.
Dich picken.
Dich knuffen.
Dich puffen.

Das Krabbeltier,
das Krabbeltier –
das Kriechetier,
das schnapp ich mir.

Eine Hand verwandelt sich in eine Riesenspinne. Die Riesenspinne krabbelt über Arme und Beine, über Rücken und Bauch, packt, zwackt – treibt Unsinn, bis sie von der anderen Hand gefangen wird.

Der Aussichtsturm

Durchs Schloss rennt eilig ein Bär.
Er muss schon schrecklich schnaufen
vom ewig vielen Laufen.
Läuft über hundert Stufen.
Von oben will er rufen:
»Leute, Leute schaut mal her,
hier oben steht ein Teddybär!«

Eine Hand in einen Bären verwandeln. Auf vier Fingern, vier »Bärentatzen«, im Eiltempo durchs Schlossgemäuer rasen: über Bauch, Schulter, Hals bis zum Schlossturm: zum Kopf.

SCHMUSEN UND STREICHELN: VIEL MEHR ALS NUR EIN VERGNÜGEN

Das wichtigste Sinnesorgan eines Babys ist seine Haut. Wird ein Kind von seinen Eltern in die Arme oder auf den Schoß genommen, werden seine Finger gestreichelt, seine Hände gedrückt, wird sein Körper gestreichelt, wird mit ihm gespielt und geschmust, nimmt es über die Haut sich selbst und die Welt da draußen am intensivsten wahr: fühlt Wärme und Nähe, fühlt die Liebe seiner Eltern und Freude am Leben.

Gespensterhaus

Durch das große Fenster
seh ich zwei Gespenster:
weiße Flattermeister,
wilde, wüste Geister,
schwarze Kohleaugen,
die zum Gruseln taugen.

Arme und Hände mit weißer Theaterschminke tönen. Auf die weißen Handrücken mit einem schwarzen Stift riesige Kulleraugen und einen breit grinsenden Gespenstermund zeichnen. Dann mit den Gespenstern im Dunkeln im Lichtkegel einer Taschenlampe, die ein Mitspieler hält, vor einem Spiegel herumgeistern.

Der Tatzelwurm

Auf einen Aussichtsturm
kriecht ein Tatzelwurm.
Angelangt dort oben,
will das Würmchen toben.

Mit Arm, Hand und Fingern als Tatzelwurm einem Kind auf den Kopf schlängeln. Dann mit den Fingern in den Haaren wühlen, auf dem Kopf tanzen.

Von Hexen und Seifenschaumschlössern

Der hat eine Hexe zu Besuch.
Der zaubert Gold aus einem Tuch.
Der legt Socken auf den Teller.
Der versteckt Kröten im Keller.
Der baut Schlösser aus Seifenschaum.
Der schläft in einem Pflaumenbaum.
Der legt dir eine Maus ins Bett.
Der blödelt mit Nachbarn ganz nett.
Der wohnt auf dem blauen Berg.
Und der macht aus dir einen Zwerg.

Nach und nach werden alle Finger der rechten und der linken Hand durchgespielt. Das Spiel lässt sich noch fortsetzen: Womit könnten die Finger anderer Hände beschäftigt sein?

Turnstunde

Alle mal bücken!
Alle mal strecken!
Alle mal schütteln!
Alle mal drehen!

Welche Turnübungen kommen für Hände und Finger noch in Frage?

Das lachende Herz

Mit einem dicken roten Filzstift ein kinderhandgroßes Herz mit Augen, Nase und lachendem Mund auf dünnen Karton malen. In die Spitze nebeneinander zwei fingerdicke Löcher schneiden. Dann das Herz auf Wanderschaft schicken: Zwei Finger durch die Löcher stecken und das Herz über einen Tisch krabbeln lassen.

Die Wackelgans

Eine alte Wackelgans
mit weißem Spitzelschwanz
verirrt sich unters Hemd,
denn sie ist hier fremd.
Eins und zwei und drei,
lass sie wieder frei!

Mit zwei Fingern über den Arm wandern, mit den Fingern unter dem Kinderhemd verschwinden, das Hemd dann hochziehen und die Finger wieder »befreien«.

Dideldadeldu

Dideldadeldu –
hallo Känguru,
hör mir endlich zu,
gib doch bitte Ruh!

Mit zwei Fingern in großen »Kängurusprüngen« über Kinderarme und -beine hüpfen. Wer fängt das Känguru?

Himpelchen und Pimpelchen

Himpelchen und Pimpelchen,
die saßen auf 'nem Berg.
Himpelchen – ein Heinzelmann –
und Pimpelchen – ein Zwerg.
Sie blieben lange oben sitzen
und wackelten mit den Zipfelmützen.
Doch nach siebenundzwanzig Wochen
sind sie in den Berg gekrochen.
Da schlafen sie in guter Ruh,
drum sei jetzt still und höre zu:

Die rechte und die linke Hand zur Faust ballen. Der rechte Daumen ist Himpelchen, der linke Pimpelchen. Die Daumen ausstrecken, gegen Ende der Geschichte die Daumen in die Fäuste schieben und ordentlich laut schnarchen.

Melonensalat

Melonensalat
auf Zuckerspinat.
Rhabarberschnee
auf Himbeerpüree.
Vanillezimteis
auf Haselnussreis.

Aus einer Hand ein Schälchen bilden. Mit dem Finger der anderen Hand die verschiedenen Speisen in diesem Schälchen anrühren. Dann eine flache Hand als Teller benutzen und die Speisen auf diesem Teller anrichten: mit dem Zeigefinger aufmalen.

Fingerrätsel

Einem Kind erst mit zwei Fingern durch die Haare gehen, dann mit einem oder vier Fingern. Das Kind raten lassen, wie viele Finger ihm jeweils durchs Haar fahren. Das Rätsel zu lösen ist gar nicht so einfach.

Der Laden

Tine und Trine,
die stehen im Laden,
woll'n Erdbeereis haben.
Erdbeereis gibt es nicht.
Die Mädchen ärgern sich.

Aus zwei Händen einen Tresen bauen und die beiden Daumen vor den Laden stellen.

VON KINDERN LERNEN:
LEBENSLUST UND SINNLICHKEIT

Mit den Fingern auf dem Arm spazieren gehen, mit den Händen Wellen in die Luft zeichnen – Kribbelkrabbelspiele, Reime, Verse für kleine Kinder – eine spannende und spaßige Angelegenheit. Und auch für Eltern, wenn sie sich von dieser Begeisterung anstecken lassen. Beim Spielen mit Kindern können Erwachsene lernen, die Welt wieder mit allen Sinnen wahrzunehmen und ein Stück Erinnerung an die eigene Kindheit wieder zu finden.

Das Brunnenspiel

Der ist in den Brunnen gefallen,
An den Daumen tippen.
der hat ihn wieder herausgeholt,
An den Zeigefinger tippen. Auf diese Weise die Unglücksgeschichte weitererzählen.
der hat ihn ins Bett gelegt,
der hat ihn zugedeckt,
der hat ihn wieder aufgeweckt.

Der mit den Pflaumen

Das ist der Daumen,
der schüttelt die Pflaumen,
der sammelt sie auf,
der trägt sie nach Haus,
der isst sie alle, alle auf.

Zuerst auf den Daumen zeigen. Dann mit jeder Zeile auf einen weiteren Finger zeigen.

Das Ungetüm

Ein Ungetüm in Blau,
ganz zottelig und rau,
das tobt durch die Lande
mit seiner Monsterbande.

Sie krächzen laut im Chor
und kratzen dich am Ohr.
Sie singen vor sich hin
und kitzeln frech dein Kinn.

Den Zeigefinger der linken Hand und die Finger der rechten Hand mit blauen Bändern oder Wollfäden schmücken. Dann mit den verkleideten Fingern spielen.

Die Hochzeit

Prinz und Prinzessin aus dem Schloss
Aus zwei Händen ein spitzgiebliges Dach bauen. Vor dem »Schloss«: zwei Daumen als Prinz und Prinzessin.
erscheinen mit dem Hochzeitstross.
Die beiden Dauem bewegen sich nicht: hinter den beiden Daumen die Finger als aufgeregte Gästeschar.
Der Prinz, ganz glücklich und beschwingt,
Ein Daumen beginnt majestätisch zu wackeln.
verbeugt sich höflich, lacht und winkt.
Der Daumen wackelt noch ein bisschen mehr.
Die Prinzessin im Blumenkranz,
Der zweite Daumen bewegt sich gar zart und zierlich.
schreitet mit ihm zum Hochzeitstanz.
Die beiden Daumen beginnen zu tanzen.
Die beiden tanzen wunderbar
Die Daumen tanzen beschwingt.
mit der gesamten Gästeschar.
Die Finger tanzen mit.

Kauf dir ein Kälbchen

Da hast ’nen Taler,
geh auf den Markt,
kauf dir ’ne Kuh,
Kälbchen dazu.
Das Kälbchen hat ein Schwänzchen –
dideldideldänzchen.

Mit jeder Zeile in die Kinderhand patschen und zum Schluß die Handfläche kitzeln.

Der Kikriki

Der Kikriki,
der kräht wie nie,
zeigt seinen Kamm,
macht viel Tamtam,
gibt mächtig an –
der gute Mann.

Die rechte Hand in einen Hahn verwandeln: Alle Finger spreizen, strecken, rot anmalen und so in einen Hahnenkamm verwandeln. Aus dem Daumen einen Schnabel machen. Zum Schluss noch ein großes Auge auf die Hand zeichnen.

Der gestreifte Flieger

Ein rasanter Flieger,
gestreift wie ein Tiger,
ein blitzblanker heller,
der rast schnell und schneller,
über die Startpiste –
hebt schon ab, die Kiste,
segelt über das Meer
und schaukelt dabei sehr.

Die linke Hand in einen Flieger verwandeln: Zuerst ein Streifenmuster auf den Handrücken malen. Dann Ring-, Mittel- und Zeigefinger strecken und zusammenhalten, den kleinen Finger und den Daumen abspreizen.
Das Spiel: Den Flieger auf einem Kinderarm starten und abheben lassen. Wohin soll die Reise gehen?

WARUM BABYS GERNE LEISEM SINGSANG LAUSCHEN UND ZÄRTLICHEN TÖNEN

An Kinderreimen, an Fingerspielen hat auch schon ein kleines Baby seine Freude. Zwar versteht es den Sinn der Worte noch nicht, die es zu hören bekommt, und kapiert natürlich auch noch keine Spielregeln, aber das ist auch nicht unbedingt wichtig. Viel wichtiger: Je häufiger Eltern mit ihm sprechen, desto stärker verbindet das Kind Sprache mit Kontakt, mit Zuwendung – also mit etwas Positivem, und diese Erfahrung prägt sich ihm ein.

Das Hühnchen-Spiel

Zwischen Wildrosenhecken
spielen Hühner Verstecken.

Die Finger der linken Hand spreizen. Die Finger sind die Rosenhecken. Zwischen die »Hecken« drei Finger der rechten Hand stecken. Das sind die Hühner.

Das erste Huhn hat nichts zu tun,
will nur schlafen, will nur ruh'n.
Das »Huhn« bleibt schlaff und müde liegen, wo es ist.

Das zweite Huhn flattert davon,
Richtung Himmel – ab zur Sonn.
Das »Huhn« entfernt sich. Flattert davon.

Das dritte Huhn setzt sich in Trab,
zickelt, zockelt langsam ab.
Das »Huhn« geht spazieren: Der Finger tippelt über den Handrücken auf und davon.

Die Mausegeschichte

Da kommt die Maus,
da kommt die Maus,
klingelingeling,
ist der Herr (oder die Frau) im Haus?

Wie eine Maus mit der Hand über den Arm hochlaufen und zum Schluss am Ohr zupfen.

Die ungleichen Zwillinge

Ich bin Fips. Ich bin Fops.
Ich bin fleißig. Ich bin faul.
Ich bin müde. Ich bin munter.
Ich bin stark. Ich bin schwach.
Ich bin hungrig. Ich bin satt.

Den rechten Daumen als Fips, den linken Daumen als Fops bezeichnen und beide zusammen als die ungleichen Zwillinge. Der eine Zwilling ist immer das Gegenteil vom anderen. Wem fallen noch weitere Gegensätze ein?

Die Geschichte von den Hasen

Ängstlich in der hinteren Ecke
sitzen fünf Hasen auf der Decke.
Die linke Hand spreizen. Die fünf Finger der rechten Hand zwischen die Finger stecken.

Mariechen will sie verkaufen.
Da sind sie davongelaufen.
Die Finger nach vorne kippen und über die Hand, über den Arm davonlaufen lassen.

»Kitzelöhrchen und Runkelmöhrchen,
Watzemännchen und Kuscheliännchen«,
ruft aufgeregt die Hasenmutter.
»Wir finden auch woanders Futter!«
Die Hasenfamilie auf der Suche nach einem neuen Heim herumirren lassen, bis sie schließlich eine neue Bleibe findet: in einer Hosentasche zum Beispiel oder in einem Socken.

Madam Tri-Tra-Trulla

Madam Tri-Tra-Trulla,
mit Vornamen Ulla,
ist ein bisschen zickig,
unfreundlich und pickig.

Muss immerzu kratzen,
triezen und gleich tratzen.
Hört nicht auf zu foppen.
Wer bloß kann sie stoppen?

Eine Hand als Madam Tri-Tra-Trulla auftreten lassen. Die Hand läuft nervös von rechts nach links, von oben nach unten, kratzt hier ein bisschen und da ein bisschen und wird schließlich von einer anderen Hand dazu gebracht, das wüste Treiben einzustellen.

Der Clown

Ein Clown
aus London-Town
mag sich nicht trau'n,
dich anzuschau'n.

Nimm ihn in den Arm,
halte ihn schön warm.

Mit einer Hand den Clown darstellen. Der »Clown« lässt den Kopf traurig hängen: Die Hand ist kraftlos und schlapp. Dann kommt eine kleine Hand dazu, streichelt den »Clown«, umarmt ihn, und schon strafft sich die große Hand, richtet sich wieder auf.

Tante Kunigunde

Tante Kunigunde
hat fünf edle Hunde.

Der Erste hat ein Fell wie Seide,
Der Zweite frisst gern weiße Kreide.
Der Dritte schlürft nur heiße Suppe.
Dem Vierten ist das alles schnuppe.
Der Fünfte ist noch sehr jung und klein
und kuschelt sich ins Körbchen hinein.

Mit jeder Zeile einen anderen Finger antippen. Zum Schluss den kleinen Finger einem Kind in die Hand geben: zum Streicheln und zum Drücken.

Das Vogelhaus

Es sieht nach nassem Wetter aus.
Die Vögel fliegen in die Welt hinaus.
Machen ihre Winterreise,
weit weg von Frost und Schnee und Eise.

Alle Hände als Zugvögel durch die Lüfte kreisen und dann davonsegeln lassen.

Mit dem Auto unterwegs

Das kleine Auto
ruckelt,
schuckelt,
zuckelt
über Rumpelwege,
über schmale Stege
und durch Waldgehege.

Eine Hand in ein Auto verwandeln: zur Faust ballen. Mit der Faust über Bauch und Rücken schuckeln und zuckeln.

Zehn Elefanten

Eins, zwei, drei, vier, fünf,
sechs, sieben, acht, neun, zehn –
was ist gescheh'n?
Zehn Elefanten,
lauter alte Tanten,
machen unterm Dach
mordsmäßigen Krach.
Tante Susann
bläst auf dem Kamm.
Tante Annette
spielt Klarinette.
Tante Ute
bläst in die Tute.
Tante Döte
spielt die Flöte.
Tante Mete
bläst Trompete.
Tante Frauke
haut die Pauke.
Tante Maike
streicht die Geige.
Tante Lynn
summt vor sich hin.
Tante Bello
streicht das Cello.
Tante Drommel
schlägt die Trommel.

Mit Hilfe von zehn Fingern aufzählen, welche Instrumente die Elefantentanten spielen.

Es war einmal ein Mann

Es war einmal ein Mann,
ich fing zu erzählen an.
Der Mann hat eine Frau,
so eitel wie ein Pfau.
Die Frau hat eine Kuh,
hörst du mir wirklich zu?
Die Kuh hat ein Kalb,
ich erzähl schon mehr als halb –
Das Kalb hat ein Schwänzchen,
dideldideldänzchen.

Mit den Fingern aufzählen, was in der Geschichte alles vorkommt.

Mucki Fucki

Mucki Fucki
aus Kentucky
kommt in Fahrt
mit dem Rad.
Fährt rasant
auf die Hand.
Weil wir's mögen,
fährt er Bögen,
lauter Kringel
fährt der Schlingel.
Dann haut er ab –
duppi-di-dapp.

Mit dem Zeigefinger Mucki Fuckis Weg auf zwei Kinderhänden nachzeichnen.

Die Linde

Unter der Rinde
der alten Linde
laufen kreuz und quer
immer hin und her
Kritzekratzeviecher,
lauter Krabbelkriecher.

Mit einer Hand unter die Rinde der Linde kriechen: unter den Pullover oder das Hemd des Kindes und mit der Hand Krabbelviech spielen.

Die Zappelmänner

Zehn kleine Zappelmänner
zappeln hin und her.
Zehn kleine Zappelmänner
finden's gar nicht schwer.
Zehn kleine Zappelmänner
zappeln auf und nieder.
Zehn kleine Zappelmänner
tun das immer wieder.
Zehn kleine Zappelmänner
zappeln ringsherum.
Zehn kleine Zappelmänner
toben wie dumm.
Zehn kleine Zappelmänner
spielen Versteck.
Zehn kleine Zappelmänner
sind auf einmal weg.

Mit den zehn Fingern nachspielen, was die zehn Zappelmänner nach und nach veranstalten.

Von Schaumschlägern und Wassermonstern

Wasserscheu sind die wenigsten Kinder, wenn aus der Badeveranstaltung eine verspielte, liebevolle Angelegenheit wird, bei der nicht nur geschrubbt und gerubbelt, sondern auch viel gelacht wird – zum Beispiel über einen Krebs, der eine Hand in die Zange nimmt, oder eine Meeresnixe, die den Wassermann sucht

Das Monstertier

Langsam wandert hier
ein grässlich Monstertier.
Will dich überfallen,
dich kitzeln mit zehn Krallen.

Mit den Händen als Seeungeheuer durchs Badewasser gleiten und hier mal ein bisschen zwacken und da mal ein bisschen zwacken und zum Schluss das Kind von Kopf bis Fuß kitzeln.

Der Strudel

Trudel, trudel, trudel,
ich drehe einen Strudel.
Gerät ein kleines Boot
in allerhöchste Not.

Eine leere Streichholzschachtel ins Badewasser setzen. Mit einem Zeigefinger und viel Schwung so viele Kreise ins Wasser zeichnen, dass die Schachtel ins Trudeln gerät.

Der Wasserpropeller

Der Propeller
dreht immer schneller
still und leise
Wasserkreise.

Mit einem Finger Kreise im Wasser drehen. Erst langsam, dann immer schneller.

Boot in Seenot

Die Glocken auf dem Turm
läuten abends Sturm.
Dunkel ist der Himmel.
Bammel, bammel, bimmel.

Ein klitzekleines Boot
ist in Meeresnot.
In haushohen Wellen
droht es zu zerschellen.

Der Sturm macht plötzlich schlapp.
Die Wolken zieh'n ab.
Kommt die Sonne heraus,
sieht das Meer freundlich aus.

Jetzt gleitet durch die Nacht
das Boot ganz sanft und sacht.

Eine Hand als Boot durchs Badewasser gleiten lassen. Mit aller Kraft ins Wasser pusten, wenn Sturm aufkommt.

Was Hände können

Meine Hand kann Wirbel schlagen.
Meine Hand kann Wasser tragen.
Meine Hand kann Strudel drehen.
Meine Hand kann tauchen gehen.
Meine Hand kann Tropfen spritzen.
Meine Hand kann Furchen ritzen.
Meine Hand kann trockenreiben.
Meine Hand kann Wellen treiben.

Im Badewasser vorführen, was eine Hand alles mit Wasser anzufangen weiß.

An der See

Der kann auf Seetang glitschen.
Der kann die Wellen titschen.
Der kann die Nixen fangen.
Der kann nach Fischen langen.
Der kann wie Möwen keuchen.
Der kann die Seekuh scheuchen.
Der kann auf Walfischen reiten.
Der kann durch Tiefen schreiten.
Der kann auf Steinen stehen.
Der kann ans Festland gehen.

An einen Finger nach dem anderen tippen und aufzählen, welche Kunststücke die Finger beherrschen. Zum Schluss einen kleinen Finger antippen und mit dem Finger ganz schnell über das Kind tippeln, das im Badewasser liegt.

Piddelbuste

Kommt doch juste
die Languste
Piddelbuste.

Schon alleine
ihre Beine,
dünne feine,
gruseln mich,
kitzeln dich.

Eine Hand als die Languste Piddelbuste auftreten und mit langen Fingerbeinen über den Badewannenboden durchs Wasser waten lassen. Zum Schluss kitzeln die Finger das Kind an den Beinen.

WENN BEIM SPIELEN TRÄUME WAHR WERDEN

In der Phantasie kann aus einer Hand ein Seeungeheuer werden, aus einem Finger eine Nixe. Alltägliches verwandelt sich in seltsame, aufregende Wunderwesen. Zu diesen Wesen lassen sich Geschichten erfinden, die über den Inhalt der vorgegebenen Verse und Spielideen hinausgehen. Spielen heißt immer: eine Reise in Gedanken tun, sich selbst Wünsche erfüllen. Heißt auch: Träume verwirklichen. Allein auf solch eine Phantasiereise gehen macht Freude, zu zweit macht das Ganze doppelt Spaß.

Der Hummer

Kommt ein dummer
kleiner Hummer.
Kneift den Zeh.
Tut ihm weh.

Eine Hand als Languste durch die Wanne scheuchen. Aus Zeigefinger und Daumen eine Schere formen und mit der Schere dem Kind in den großen Zeh kneifen.

Die Muscheln

Großes Raunen,
großes Staunen,
großes Tuscheln
bei den Muscheln:
»Eine Neue,
kleine Scheue!«

Aus den Händen Muscheln formen. Mit den Muscheln spielen: Sie auf- und zuklappen.

Die Wasserfee

Die Wasserfee
im blauen See
kitzelt deinen Zeh.

Einen dicken, großen Zeh unter Wasser streicheln und zwicken.

Fischen gehen

Schau bloß mal her,
Fische im Meer.

Eine Scholle,
wundervolle.

Ein Seelachs,
lässiger Schlaks.

Eine Seezunge,
eine junge.

Eine Brasse,
ganz zartblasse.

Eine Sprotte,
flinkeflotte.

Die fisch ich raus,
hol sie nach Haus.

Fünf Finger als Fische im Badewasser schwimmen lassen. Auf Fischfang gehen.

Der Wasserkrauler

Ein Wasserkrauler
– ziemlich fauler –,
Mit einer Hand ganz gemütlich im Badewasser herumschwimmen und kraulen.
wird plötzlich wach,
schlägt mächtig Krach:
Lebhafter und schneller schwimmen.
Lässt Wellen klatschen,
Wasser platschen.
Mit der Hand das Badewasser in Aufruhr bringen.
Zwickt in den Zeh.
Tut gar nicht weh.
Das Kind in den Zeh zwicken.

Große Wäsche

Den Rücken sanft massieren
mit einem weichen Waschlappen.

Die Arme gründlich rubbeln
mit einer kräftigen Bürste.

Die Beine gut einseifen
mit einem ganz dicken Schwamm.

Mit den Händen, mit den Fingern massieren, rubbeln, einseifen und gemeinsam überlegen, was Hände und Finger noch tun könnten.

Wassermann und Wasserfrau

Die Wassernixe
steiget fixe
auf Berge aus Schaum
in meinem Traum.

Aus Strahlenglitzern,
weißen Blitzern
schenk eine Krone
ich dem Sohne.

Mit den Händen in Badeschaum spielen. Die eine Hand in eine Nixe verwandeln, die in Schaumbergen herumklettert. Der anderen Hand eine Krone aus Schaum aufsetzen.

Die müde Kuh

Die Augen zu,
legt sich zur Ruh
die müde Kuh.

Sie in den Po
kneift einfach so
ein Wasserfloh.

Heimlich, still und leise die »schlafende Kuh« mit Zeigefinger und Daumen unter Wasser in den Po kneifen.

Schmusespiel

Wirklich wahr,
auf dem Kopf viel Haar.
Mit den Fingern an den Haaren zupfen.
Ich sag dir was,
deine Händ' sind nass.

Einen Finger anfeuchten und damit die Kinderhand streicheln.

Der Wassermann

Ein pitschpatsch Nasser
springt aus dem Wasser,
ein Tropftrief-Mann
schaut dich grimmig an.

Auf einen Fingerhandschuh aus durchsichtiger Folie mit Nagellack ein Wassermanngesicht malen, den Handschuh mit Wasser füllen, zubinden. Den Wassermann heimlich in die Wanne legen, wenn das Kind badet.

Die Kitzelkatze

Die Ki-Ki-Kitzelkatze
schleicht über deinen Bauch.
Die Ki-Ki-Kitzelkatze
schleicht über deine Schulter.
Die Ki-Ki-Kitzelkatze
schleicht über deinen Arm.
Die Ki-Ki-Kitzelkatze
schleicht über dein Gesicht.
Die Ki-Ki-Kitzelkatze
kitzelt und kitzelt,
kitzelt und kitzelt
dich über- und überall.

Mit vier Fingern als Katze über das Kind schleichen. Zum Schluss das Ganze in eine große Kitzelei ausarten lassen.

Zehn Helfer

Badeeifer.
Baucheinseifer.
Lappenwringer.
Streichelfinger.
Rückenklopfer.
Wassertropfer.
Kopfhautreiber.
Schaumwegtreiber.

Was haben die Finger beim Baden außerdem noch zu tun?

Die Insel

Eine Insel im See
gleich hinter Futzlabee.
Ich mach' einen Gang
am Strande entlang.
Geh' durch den Sand
mit meiner Hand.

Mit einer Hand auf dem Kind spazierengehen, das im Badewasser liegt und sich in eine Insel verwandelt hat.

Segelschiffe

Vor der Insel
an dem Riffe
segeln Schiffe
hin und her
auf dem Meer,
fahren hinaus,
kommen nach Haus.

Die rechte und linke Hand im Badewasser als Segelschiffe kreuzen lassen.

Treffpunkt Ozean

Ein Spiel für zwei. Der eine lässt einen Zeigefinger von rechts anfliegen als Möwe Emma. Der andere einen Zeigefinger von links als Möwe Ernstchen. Treffen sich die beiden mitten über dem Ozean (der Badewanne)? Oder verfehlen sie sich?

Wenn Finger baden gehen

Eins, zwei, drei, vier, fünf
springen hoch im Bogen
in die Wasserwogen.
Sie toben und spritzeln,
sie schwimmen und kitzeln,
tauchen einfach unter,
frechfröhlich und munter.

Mit einer Hand im Badewasser spielen.

Waschlappenviecher

Die Waschlappenviecher,
diese Frotteekriecher,
man höre, man staune,
haben gute Laune.
Saugen sich voll Wasser.
Werden immer nasser.
Mensch Meier, so ein Schreck,
plumpsen plötzlich weg.

Über jede Hand einen Waschlappen ziehen und die Hände dann wie Seeungeheuer über den Wannenrand schieben oder auf die Schultern des Kindes gleiten lassen. Den Seeungeheuern Namen geben. Mit ihnen reden.

Fingerfische

Lauter Fingerfische,
viele kleine frische,
tümpeln hier ringsum
in dem Teich herum.

Das ist
– eine Schollentante,
– ein Heringsbruder,
– ein Rotbarschfräulein,
– eine Flunderoma,
– ein Lachsbaby,
– eine Seezungendame,
– ein Seeteufelbube,
– ein Knurrhahnonkel,
– eine Seebarschschwester,
– ein Heilbuttopa.

Mit zehn Fingern unter Wasser herumplätschern, einen Finger nach dem anderen antippen und mit Bezeichnung versehen.

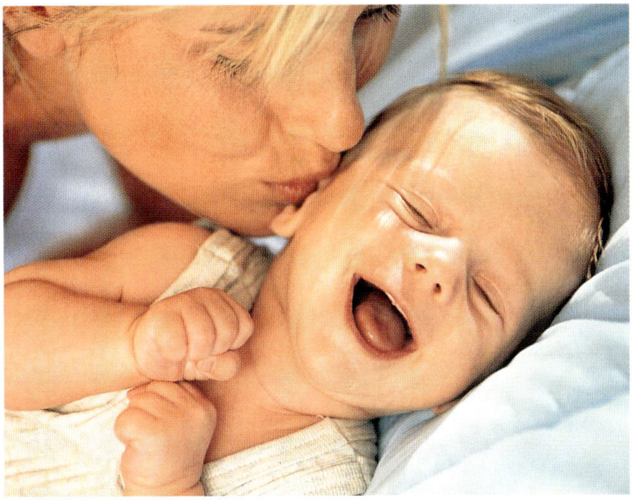

Von Bauchtänzern und Krabbelviechern

Schmusezeiten – die wichtigsten Momente für ein kleines Kind. Durch die Haut nimmt es das Leben am intensivsten wahr. Nach dem Baden beim Abtrocknen, beim Wickeln, beim Anziehen ergeben sich die zärtlichsten Spiele

Ich fühle was, was du nicht siehst

Ich fühle was, was du nicht siehst,
und das ist weich. Was ist das?

Ich fühle was, was du nicht siehst,
und das ist hart. Was ist das?

Erst mit dem Zeigefinger den Mund umrunden, dann über die Nase streichen und das Spiel weiterspinnen: Was ist spitz, was gewölbt?

Seenlandschaft

Ich sehe einen See.
Mit Seerosen.
Mit Fröschen.
Mit Sand.
Mit Fliegen.

Ich sehe einen See.
Mit Schilf.
Mit Fischen.
Mit Steinen.
Mit Mücken.

Erst das rechte, dann das linke Auge mit einem Finger umrunden und gemeinsam überlegen, was außerdem noch an einem See zu entdecken sein könnte.

Wenn Finger zum Tanzen gehen

Diese zehn Finger,
unruhige Dinger,
lustige Schwinger,
hopsen im Kreis,
singen ganz leis.

Mit allen Fingern durch die Lüfte tanzen.

Auf der Weide

Du und ich – wir beide
besuchen Tiere auf der Weide:

Schau, da hinten ganz allein
steht ein fettes kleines Schwein.

Hier die schwarze Dicke –
unsre Meckerzicke.

Da schleicht die alte Katze.
auf leiser Katzentatze.

Und dort auf dem grünen Damm
da grast ein schnuckelig Lamm.

Einer streckt die Hand aus. Ein anderer zeichnet mit dem Zeigefinger Tiere auf diese Weide. Welche Tiere könnten außerdem noch auf der Wiese stehen?

Der kleine Bär

Ich bin ein kleiner Bär
und tapse so daher.
Ich trödel und trottel,
Ich zuckel und zottel –
ganz ohne Sorgen
verleb ich den Morgen.

Mit vier Fingern einer Hand über den Bauch des Kindes laufen – erst langsam, dann schneller, dann wieder langsamer. Das Kind zum Schluss am Kinn kitzeln.

Finger auf Wanderschaft

Der da geht wandern
mit den vier andern.

Der läuft eine Acht,
weil das Freude macht.

Der läuft im Kreis,
weil er nix Bessres weiß.

Der ruht sich aus,
geht dann nach Haus.

Der fährt Bötchen,
Kribbelkrabbelkrötchen.

Mit den Fingern auf dem Rücken des Kindes spielen und als Schlusspunkt einen Kuss auf den Rücken geben.

Das Mauserl

Baut ein Mauserl
sich ein Hauserl.
Wo wird's rasten?
In dem Kasten –
da, da, da!

Krauchkrauchkrauch

Der springt auf dein Bein,
ist gern allein.
Der läuft sich jetzt warm
auf deinem Arm.
Der träumt vor sich hin
auf deinem Kinn.
Der mit viel Lust
tanzt auf der Brust.
Und der Krauchkrauchkrauch
beißt dich in den Bauch.

Einen Finger nach dem anderen auftreten lassen. Zum Schluss mit dem kleinen Finger den Nabel umrunden und dem Kind einen dicken Kuß mitten auf den Bauch geben.

Süppelknarr und Schnurrimarr

Alfredo Süppelknarr
Rechten Daumen hochhalten.

und Rudi Schnurrimarr,
Linken Daumen hochhalten.

die treffen heute
'ne Hand voll Leute.
Die beiden über die Beine Richtung Bauch wandern lassen. Danach: Die restlichen Finger dazukommen und allesamt über Bauch, Schultern, Arme toben lassen.

Die ganze Bande
spielt dann im Sande
Räuber und Schande.
Sie tobt auf meinem Bauch,
und zu dir kommt sie auch.

Der Faxenmacher

Schau mal, wie sie schuften.
Riech mal, wie sie duften.
Fühl mal, wie sie wachsen.
Hör mal, wie sie knacksen.
Diese kleinen Maxen
machen lauter Faxen.

Vorführen, was Finger alles können. Am Schluss des Verses das Kind mit allen zehn Fingern kitzeln.

Die Landkarte

Da ein Hügel mit Gras.
Da die alte Landstraß.
Da ein ganz schmaler Steg.
Da ein holpriger Weg.
Da ein lauschiger Bach.
Da ein Haus mit Ziegeldach.

Die Handfläche und die Handlinien wie eine Landschaft betrachten und ausdenken, was noch alles zu sehen sein könnte in der Hand.

Der Nachtisch

Der schmeckt nach Apfelkompott.
Der schmeckt nach Erdbeersahne.
Der schmeckt nach Schokoladeneis.
Der schmeckt nach Karamellpudding.
Der schmeckt nach Kirschcreme.
Der schmeckt nach Zitronenbonbon.
Der schmeckt nach Krokantbröseln.
Der schmeckt nach Aprikosenkuchen.
Der schmeckt nach Rosinenhörnchen.
Der schmeckt nach Orangengelee.

Einen Finger nach dem anderen ablecken und dabei die Nachspeisen aufzählen. Wonach könnten die Finger denn noch besonders gut schmecken?

Auf dem Rücken malen

Mit der Fingerspitze Buchstaben auf den nackten Rücken schreiben oder ganz einfache Bilder zeichnen: einen Baum mit Kugelkrone zum Beispiel oder ein Haus mit spitzgiebeligem Dach. Das Kind raten lassen, was hinten auf seinem Rücken geschieht.

Die Krispeln und Kraspeln

Zehn kleine Männeken,
die krispeln und kraspeln
vom Fuße bis zum Bauch,
und sie streicheln dich auch.

Mit zehn Fingern von den Füßen aufwärts krabbeln. Erst ganz langsam, dann immer schneller krabbeln, und zum Schluss geht das Krabbeln in Kitzeln über.

Fridolin

Bin verliebt
in Fridolin.
Ich küsse ihn.
Den Fridolin.
Ich küsse ihn.
Den Fridolin.
Ich küsse ihn …

Einen kleinen Finger schnappen. Den Finger festhalten, küssen und dabei das »Den Fridolin. Ich küsse ihn.« mit viel Schmalz in der Stimme wiederholen.

Auf Weltreise gehen

Wir rudern mit dem Äppelkahn
übern wilden Ozean.
Wir rudern von Madagaskar
querbeet dann nach Alaska.
Wir rudern später von Shanghai
fix mal rüber nach Hawaii.
Wir lassen die Reise enden
an weiten weißen Stränden.

Beim Streicheln auf dem Bauch »herumreisen« und die Reisebeschreibung in einem Phantasie-Singsang mitliefern.

Der Klingelknopf

Vorsichtig mit dem Daumen auf den Bauchnabel des Kindes drücken und dann mit verstellter Stimme zwei verschiedene Rollen spielen:

»Wer ist da?« *Mit hoher Stimme fragen.*
»Der Postbote!« *Mit tiefer Stimme antworten.*

Erneut auf den Bauchnabel drücken.

»Wer ist da?« *Mit hoher Stimme fragen.*
»Der Milchmann!« *Mit tiefer Stimme antworten.*

Zusammen überlegen, wer außerdem noch kommen könnte (bei einem etwas älteren Kind).

Crememasken

Dem Mitspieler per Finger mit Creme eine Maske aufs Gesicht malen: Balken von Augenbrauen, einen großen Mund und Wellenlinien als Umrandung für die Augen. Und auch das eigene Gesicht bemalen lassen. Später das Ganze zusammen im Spiegel anschauen.

Die Zuckerstange

Hätt ich einen Pfennig,
Einen Kreis auf die Hand malen.

ach wär ich froh!
In die Hände klatschen.

Kauft' mir eine Zuckerstange,
hüpft' und tanzte so!
In die Hände klatschen.

Knubbel fangen

Mit der Zunge die Wange ausbeulen. Dauernd an anderer Stelle ausbeulen. Gleichzeitig einen Mitspieler auffordern, die Zunge zu erwischen: Mit dem Finger auf den Knubbel drücken, noch bevor sich die Zunge zurückziehen kann.

Pünktchen und Kreiski

Mit dem linken Zeigefinger von links über den Bauch tippeln Richtung Bauchnabel. Mit dem rechten Zeigefinger von rechts über den Bauch Richtung Bauchnabel wandern, mit den Fingern um den Nabel kreisen und dazu eine Geschichte von Pünktchen und Kreiski erzählen. Beschreiben, wie die beiden aussehen, wie sie sich kennen gelernt haben, wie sie leben. Die Geschichte enden lassen, wenn sich die beiden mitten auf dem Bauch treffen.

Wenn sich zwei Hände verkrachen

Kennst du schon den neusten Tratsch?
Unsere Hände haben Knatsch.
Zwei Hände miteinander ringen lassen.

Mein Hand, die ärgert dich.
Deine Hand, die ärgert mich.
Die Finger kitzeln und zwacken.

Woll'n wir ihnen sagen,
sie sollen sich vertragen?
Fünfte und sechste Zeile: Die Hände »umarmen« sich.

Auf den Bauch malen

Ich male:
einen Boller,
einen Roller,
einen Kuller,
einen Truller,
einen Hopser,
einen Klopser,
eine Spitze
und zwei Blitze.

Den Vers nach einer Phantasiemelodie singen und dazu mit einem Finger die entsprechenden »Bilder« auf den Bauch des Babys malen: kleine und große Kreise und Linien.

ZUSAMMEN SPIELEN UND GANZ NEBENBEI DIE SPRACHENTWICKLUNG FÖRDERN

Wird zu Hause viel gesungen, viel erzählt, diskutiert, spielt das Miteinander-Reden also in der Familie eine große Rolle, wirkt sich das positiv auf die sprachlichen Fähigkeiten eines Kindes aus. Früh lernt es zuzuhören, mitzureden in dem Bemühen, eigene Gefühle und Gedanken auszudrücken. Die sprachliche Entwicklung lässt sich – und zwar ganz fröhlich und unverkrampft – zusätzlich fördern: indem Sie mit Ihrem Kind gemeinsam Bilderbücher anschauen, ihm Geschichten erzählen und vorlesen, mit ihm Lieder singen und ihm Kinderreime vorsprechen.

Die alte Riesenhand

Eine alte Riesenhand
tippel-tappelt durch das Land.
Wandert durch Haferfelder.
Wandert durch Tannenwälder.
Biegt ein Wildschwein um die Eck.
Wippdiwapp – die Hand ist weg.

Mit der rechten Hand auf dem Kopf spazieren gehen. Dabei die Landschaft beschreiben: Die Stirn ist ein Haferfeld. Die Haare sind der Tannenwald. In dem Tannenwald taucht plötzlich die linke Hand als Wildschwein auf, verstrubbelt das Haar und verscheucht die rechte Hand, die aufgeregt davonläuft.

ÜBER DEN SPASS AN UNSINNIGEN SPIELEN MIT DER SPRACHE

Schon kleine Kinder sind groß darin, mit Wörtern zu spielen. Sie freuen sich über verschiedene Wörter, die ein und dasselbe Ding bezeichnen (Teekessel). Über Wörter, die ähnlich klingen. Über komische Wörter. Über Wörterverwechslungen. Über deftige Wörter. Über unübliche Wörterverbindungen. Sie erfinden gerne neue Wörter. Weil Sprache für Kinder eine lebendige Angelegenheit ist, Material zum Spielen und Formen, haben sie meistens auch ein Faible für Reime: Je unsinniger ein Vers, desto besser. Da gibt's was zu lachen.

Das Karussell

Das Karussell
dreht sich schnell:
Erst rechts herum
und dreht dann um.
Jetzt links herum
und dreht dann um.
Das Karussell
dreht sich zu schnell.
Soll nicht mehr dreh'n.
Soll endlich steh'n.

Dem Kind mit einem Finger Kreise auf den Bauch zeichnen, erst rechts, dann links herum. Erst langsam, dann schneller. Oder gemeinsam Kreise auf den Tisch zeichnen. Oder Achterbahn spielen: lauter Achten mit einem Finger zeichnen.

Fünf Hunde hat der Franz

Fünf Hunde hat der Franz.
Der Erste ist ein Dackel,
ein reichlich eitler Lackel.
Der Zweite ist ein Spitz,
ein weißer Strubbelwitz.
Der Dritte ist ein Setter,
ein rotbrauner, netter.
Der Vierte ist ein Collie,
ein schöner Moppelmollie.
Der Fünfte ist ein Mops,
ein Mops mit Namen Hops.

*Die Finger einer Hand in Hunde verwandeln
und zum Schluss die ganze Hundegesellschafft
kläffend über den Bauch rennen lassen.*

Lorchen und Dorchen

Kennst du vielleicht Dorchen?
Ans rechte Ohr fassen.

Ihre Schwester Lorchen?
Ans linke Ohr fassen.

Oder Hündchen Timmi?
Die rechte Augenbraue streicheln.

Oder Kätzchen Mimi?
Die linke Augenbraue streicheln.

Die geh'n jetzt zu vieren
im Walde spazieren.
Mit vier Fingern auf der Stirn herumwandern.

Zehn kleine Finger

Zehn kleine Finger,
die streicheln deine Haut.
Einer macht nicht mit,
hat sich nicht getraut.

Neun kleine Finger,
die zieh'n an deinem Bein.
Einer wird müde,
er gähnt und schläft fix ein.

Acht kleine Finger,
die reiben deinen Fuß.
Einer bleibt unten
und schickt dir einen Gruß.

Sieben kleine Finger,
die toben auf dem Bauch.
Einer hüpft zu hoch,
der löst sich auf in Rauch.

Sechs kleine Finger,
die kitzeln sanft dein Kinn.
Einer passt nicht auf,
der stolpert und knallt hin.

Fünf kleine Finger,
die nimmst du auf den Arm.
Einer legt sich hin,
dem wird es hier zu warm.

Vier kleine Finger,
die spiel'n im Haar Versteck.
Einer läuft zu weit
und bleibt ganz einfach weg.

Drei kleine Finger,
die woll'n zur Stirne geh'n.
Einer bleibt zurück,
der wird nicht mehr geseh'n.

Zwei kleine Finger,
die tanzen auf der Hand.
Einer blödelt rum
und springt dabei vom Rand.

Ein kleiner Finger
versteckt sich dort im Ohr.
Er lässt dich fragen:
»Hast du heut schon was vor?«

Kulleraugen machen und Grinsemünder malen

Wer Lust hat zum Basteln, will nicht erst mit einer Liste zum Einkaufen gehen, sondern am liebsten gleich loslegen und das Material verbrauchen, das zu Hause schnell zur Hand ist – zum Beispiel Schreibpapier, Bindfäden, Stoffreste. Mit wenig Aufwand und viel Phantasie sind Hände in Spielzeug zu verwandeln

Fingerspitzentänzerin

Eine Tänzerin in Handgröße – ohne Beine – auf dünnen Karton malen und ausschneiden. Aus Papierkaros zwei spitze Tüten für den Mittel- und den Zeigefinger rollen und kleben. Die Tüten auf die Finger stecken, die Tänzerin mit Hilfe von doppelseitigem Klebeband auf den Handrücken pappen und die Primaballerina dann zum Fingerspitzentanz auf dem Küchentisch antreten lassen.

Handschuh mit Glöckchen

An jeden Finger eines Handschuhs ein farbiges Band von etwa 15 Zentimeter Länge nähen und an jedes Band ein Glöckchen knoten. Dann den Handschuh anziehen und die Glöckchen klingen lassen.

Das Zebra

Eine Hand in einen Zebrakopf verwandeln: Die Hand per Fingerfarben mit schwarzen und weißen Streifen anmalen. Dann mit Hilfe von doppelseitigem Klebeband einen Knopf als Auge auf den Zebrakopf kleben.
Hinter einen Sessel kriechen und das Zebra über die Lehne schauen lassen.

Fingerschattenbilder

Das helle Licht einer Tisch- oder Stehlampe auf eine weiße Wand richten. Zwischen Lichtquelle und Wand mit Händen und Fingern so spielen, dass sich Schattenfiguren auf der Wand abzeichnen.

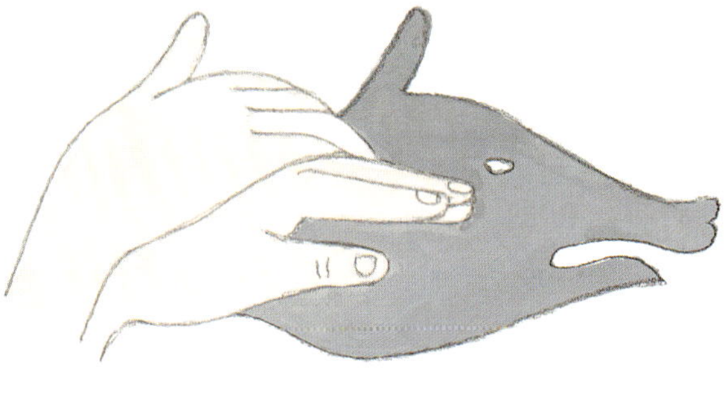

Die Hexe: eine Fingermarionette

Auf dünnen Karton in Handgröße eine Hexe mit spitzem Hut zeichnen, die auf einem Besen reitet. Die Hexe ausschneiden. Ein Loch in den Hut und ein Loch in den Besen bohren. Die Hexe an zwei dünne Bindfäden von etwa 25 Zentimeter Länge hängen. Die Fäden am anderen Ende um drei Finger binden: um den Daumen, den Mittelfinger und den kleinen Finger der rechten Hand.

Der wilde Stier

Die Hülle von einer Streichholzschachtel mit dunkelblauem Papier bekleben. Auf die beklebte Schachtel zwei gelbe Papierkügelchen als Augen kleben. Am oberen Ende der Hülle mit Klebeband zwei halbierte Streichhölzer als Hörner befestigen. Dann die Hülle auf zwei Finger einer Hand stecken und den »Stier« in Bewegung setzen.

König und Königin

Schreibpapier in der Mitte der Länge nach falten und zerschneiden. In jeden Streifen Zacken schneiden – jeweils auf einer Seite. Dann Edelsteine und Verzierungen auf die Papiere zeichnen und Ringe daraus kleben: eine Krone, die über vier Finger einer kleinen Hand passt, und eine Krone, die über vier Finger einer großen Hand passt. Die Hände in König und Königin verwandeln.

Fußball mit der Hand spielen

Einen Fußballer – ohne Beine – in Handgröße auf dünnen Karton zeichnen und ausschneiden. Den Fußballer mit Hilfe von doppelseitigem Klebeband auf den Handrücken pappen, Zeige- und Mittelfinger in Fußballerbeine verwandeln.
Nach dem gleichen Prinzip vier Hände zu Fußballern machen und dann mit den vier Fußballern samt Pingpongball zu einem Spiel antreten.

Spinnenlange Hexenfinger

Auf Papier bunte Muster zeichnen: Streifen und Punkte, Wellenlinien und Zickzacklinien. Aus dem Papier zehn lange, spitze Hütchen drehen und kleben. Die zehn Hütchen auf zehn Finger setzen.

Der Taubenschlag

Fünf daumennagelgroße Tauben auf dünnen weißen Karton zeichnen und ausschneiden. Die fünf Tauben auf fünf Fingernägel pappen, und zwar mit Hilfe kleiner Röllchen aus Klebeband – Klebeseite nach außen.
Die Hand hochhalten, die Finger bewegen: Die Tauben fliegen lassen.

Die Glockenfrau

Den linken Arm mit dem Ellenbogen auf einem Tisch abstützen. Die Hand nach oben strecken und recken, die Finger spreizen. Um jeden Finger ein Band mit Glöckchen binden. Auf die Handfläche mit Fingerfarben ein Frauengesicht malen.
Das Spiel: Den Kopf erst vorsichtig, dann heftiger schütteln, so dass die Glöckchen mal leise, mal laut klimpern.

Der Eismann

Einen Gummihandschuh mit Wasser füllen, den Handschuh zubinden und senkrecht in ein Tiefkühlfach stellen. Ist aus dem Wasser Eis geworden, den Handschuh mit einer Schere aufschneiden, die Eishand aus dem Handschuh lösen und ein Gesicht mit Augen, Nase, Mund auftuschen oder mit dickem Filzstift auftragen.

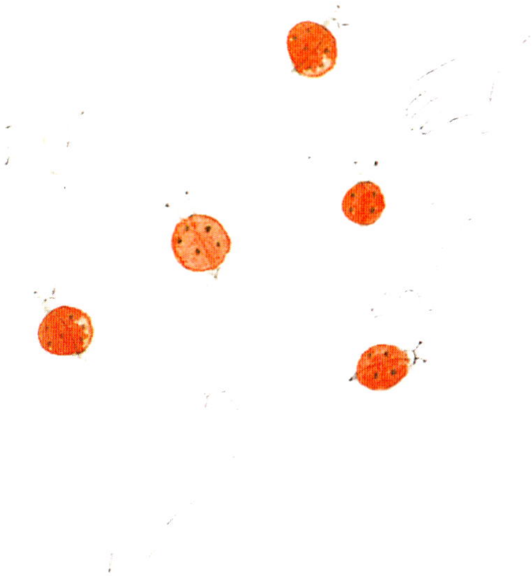

Marienkäfer streicheln

Verteilt auf ein Blatt Papier, nicht zu weit auseinander, fünf Marienkäfer zeichnen. Und dann versuchen, gleichzeitig alle fünf Käfer zu streicheln: jeden Käfer mit einem anderen Finger berühren.

Im Zirkus

Der erste Schritt: Auf Zeichenpapier ein Zirkuszelt mit großer Manege im Querschnitt zeichnen.

Der zweite Schritt: Erst den Daumen im Zirkus auftreten lassen. Ihn als Zirkusdirektor mitten in die Manege stellen. Dann ist der Zeigefinger als Kunstreiter an der Reihe. Ihn im Kreis »reiten« lassen. Galoppsprünge per Finger vorführen. Welche Zirkusaufgaben könnten die übrigen Finger übernehmen?

Ab zu den Sternen

Silberpapier so um einen Finger wickeln, dass vorne Papier übersteht. Das überstehende Stück Papier zusammenrollen. Schon fertig: eine Rakete. Dann von unten gegen die Rakete pusten. Rührt sie sich vom Fleck? Fliegt sie vom Finger?

KINDER: VON ANFANG AN AUSGEPRÄGTE INDIVIDUALISTEN

Manche Kinder machen sich beim Spielen schnell selbständig. Sie spielen einfach drauflos, phantasievoll, ausdauernd. Schon zu Kleinkinderzeiten können sie auf Eltern verzichten, die mitspielen, vorspielen, anregen und weiterhelfen. Andere Kinder suchen gerade beim Spielen die Nähe ihrer Eltern, wollen beim Spielen erzählen, fragen, zusammen lachen. Was den einen Spaß macht, lehnen die anderen ab – es gibt keine Spiele, die bei allen ankommen, denn Kinder sind von Anfang an Individualisten, und die haben ihren eigenen Kopf. Auch beim Spielen.

Autorennen

Auf ein Blatt Papier eine lange, etwa vier Zentimeter breite kurvenreiche Strecke zeichnen. Start und Ziel festlegen. Zu zweit spielen. Zwei Daumen gleichzeitig starten und über die Strecke flitzen lassen. Wer von der Strecke abkommt, scheidet aus. Welcher Daumen ist zuerst im Ziel?

Der Birnbaum

Eine Hand auf braunes Tonpapier legen, mit einem Stift umranden. Auch noch ein Stück vom Arm umranden. Die Hand ausschneiden und als Baum auf Zeichenpapier kleben. Blätter und Birnen dazumalen. Was ließe sich außerdem noch aus einer gemalten Hand machen?

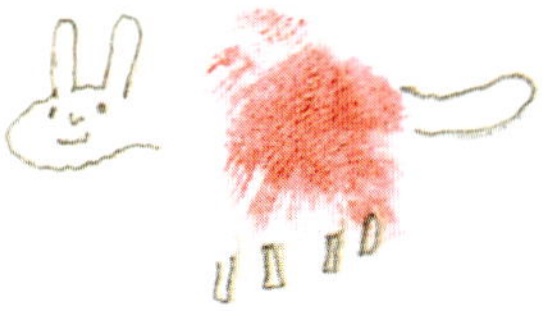

Eine Gummitype

Aus einem alten Gummihandschuh eine Type fabrizieren, die zum Fürchten aussieht. Den Handschuh mit Stoffresten ausstopfen oder mit Watte. Auf die Handfläche mit dicken Filzstiften ein Gruselgesicht zeichnen. Die Finger mit Stoffresten, Papierschnipseln und Bindfäden bekleben.

Fingerabdrücke

Im Tuschkasten die Farben leicht anfeuchten. Einen Finger nach dem anderen mit Tusche einfärben und auf Papier abdrucken. Aus den Fingerabdrücken Figuren machen: Köpfe, Arme, Beine dazuzeichnen. Oder einfach nur Gesichter auf die Abdrücke zeichnen. Fröhliche und traurige Gesichter. Viel Haare dazuzeichnen oder nur wenige.

Gute Nacht sagen und sich freundlich verabschieden

Wenn sich zehn Finger aufs Ohr legen wollen

Ins Bett abmarschieren, das macht den wenigsten Kindern Spaß. Dabei kommt es leicht zu Machtkämpfen, zu einem großen Palaver: »Warum denn schon so früh ins Bett gehen? Ich bin doch noch kein bisschen müde!« Leichter fällt Kindern der abendliche Abschied, die Trennung von der Familie, wenn das Gute-Nacht-Sagen mit einem Ritual verbunden ist. Mit Reden und Schmusen. Mit Lachen und Staunen

Zwei Rehe

Hände verwandeln sich in zwei Rehköpfe: Die Daumen- und Zeigefingerspitze aneinander legen, den Mittelfinger hinter dem Zeigefinger verschwinden lassen, Ringfinger und kleinen Finger als Ohren ausstrecken. Dann mit verstellter Stimme die Rehe ein Gute-Nacht-Lied singen lassen.

Drei Hände

Ein Gag: Mit einem Arm aus dem Pullover- oder Hemdsärmel schlüpfen. Diesen Arm unten aus dem Pullover baumeln lassen. Den Ärmel ausstopfen. Außerdem einen Handschuh ausstopfen. Den Handschuh in den ausgestopften Ärmel stecken und festbinden. Auch über die echten Hände Handschuhe ziehen. So ausstaffiert zum Gute-Nacht-Sagen antreten, damit's noch was zu lachen gibt vorm Einschlafen.

Ab ins Bett

Gewaschen und adrett
liegt endlich in dem Bett
hundemüde und nett
die kleine Babett.

Liegt sie in den Kissen,
wird sie auch gleich wissen:
Hier ist ein Superplatz
für einen Schnurchelspatz.

Auf dem Rücken des Babys beim Ins-Bett-Bringen den Rhythmus der Verse mit den Fingern sanft auf den Rücken klopfen. Das Spiel endet mit einem dicken Kuss.

Der Mond

Ein bekanntes Zeichenspiel: Auf den Handrücken des Kindes mit dem Finger zwei Punkte setzen, dazwischen einen Längs-, darunter einen Querstrich zeichnen und dazu den folgenden Vers aufsagen:

Punkt, Punkt, Komma, Strich,
fertig ist das Mondgesicht.

Bettgehzeit

Der Wind,der weht,
der Hahn, der kräht,
das Pferd, das trinkt,
die Gans, die singt,
der Hund, der kläfft,
der Aff', der äfft,
die Kuh, die grast,
der Has', der rast,
das Huhn, das pickt,
die Katz', die nickt,
die Uhr schlägt zehn,
zu Bette geh'n!

Wahrsagen

In der Hand die Zukunft ablesen. Die verschiedenen Linien deuten und dann voraussagen, was sich tun wird am kommenden Tag im Kindergarten oder in der Schule. Der Phantasie dabei freien Lauf lassen, damit es noch etwas zu lachen gibt am Ende des Tages.

Der kleine Wutzi

Der ist ins Wasser gefallen,
der hat ihn herausgezogen,
der hat ihn heimgetragen,
der hat ihn ins Bett gelegt,
der kleine, kleine Wutzi
hat ihn zugedeckt.

Der Schatz in der Faust

Einen »Schatz« in der Hand verbergen – zum Beispiel eine Murmel oder ein Bild in Miniformat. Die Faust nur dann öffnen, wenn der folgende Zungenbrecher fehlerfrei aufgesagt wird:

Tipfeltipfeltupferl,
dipfeldipfeldupferl,
gib mir das Betthupferl!

Sternenspiel

Vorbereitungen für das Spiel: Aus Papier einen Stern schneiden. Auf den Stern den Titel einer Vorlesegeschichte schreiben. Einen zweiten Stern ausschneiden und einen zweiten Titel darauf schreiben. Hinter jeden Stern ein Röllchen aus Klebeband pappen. Stern 1 in die rechte Hand kleben. Titel nach innen. Stern 2 in die linke.
Das Spiel: Die Hände hochhalten. Das Kind darf sich einen Stern aussuchen, darf ihn von der Hand abpflücken.
Die Geschichte, die auf dem Stern vorgegeben ist, wird anschließend vorgelesen.

Schattenspiel mit Händen

Ein Gute-Nacht-Spiel für Winterabende.
Der erste Schritt: Das Licht einer Steh- oder Tischlampe auf die Zimmerwand richten. Zwischen Lampe und Wand sitzen. Alle übrigen Lampen ausschalten.
Der zweite Schritt: Hand zur Faust ballen und so in den Lichtstrahl halten, dass sie auf der Wand erscheint. Dann mit den Fingern spielen: Einen Finger nach dem anderen ausstrecken, wieder einziehen. Das Ganze mit Musik wiederholen.

DIE EIGENEN REIME DER KINDER

Kinderreime, Spielverse gibt es auf der ganzen Welt und gab es schon immer, um Kinder zu trösten, zu beruhigen, zum Lachen oder zum Einschlafen zu bringen. Die Erwachsenen sprechen die Verse, machen die entsprechenden Spiele in der Regel erst einmal vor. Viele Kinder entwickeln dann mit der Zeit ihre eigenen Wortspiele, wandeln Reime und Verse ab, erfinden oft Melodien dazu, machen neue Spiele: meist komische, manchmal absurde Geschichten, denn an Humor und Witz sind Kinder Erwachsenen häufig überlegen.

Verzeichnis der Fingerspiele

Ab ins Bett 92
Ab zu den Sternen 89
Alle Tauben fliegen hoch 29
An der See 67
Ännchen 35
Auf dem Rücken malen 78
Auf den Bauch malen 81
Auf der Weide 74
Auf großer Wanderung 30
Auf Weltreise gehen 79
Autorennen 90

Ballkuhle 48
Besuch im Zoo 28
Bettgehzeit 93
Bilderrätsel 24
Boot in Seenot 66
Bratapfel mit Soße 28

Chinesisches Kochrezept 52
Crememasken 80

Das Brunnenspiel 58
Das Flattertier 50
Das Gesicht 36
Das Hühnchen-Spiel 60
Das Karussell 82
Das Krabbeltier 54
Das lachende Herz 56
Das Lied vom Lu-Latsch 50
Das Mauserl 76
Das Monstertier 66
Das Schnappe-Schnäppchen 32
Das Ungetüm 58
Das Vogelhaus 62
Das Waldhaus 16
Das Zebra 86
Der Aussichtsturm 54
Der Birnbaum 90
Der Brummer 36
Der Clown 61
Der Eismann 88
Der Faxenmacher 77
Der Fisch 16
Der Flieger 48
Der geheimnisvolle Sand 45
Der gestreifte Flieger 60
Der Gesundheitsbrei 23
Der Hasenkuss 17
Der Hummer 68
Der Kikriki 59
Der kleine Bär 76
Der kleine Wutzi 94
Der Klingelknopf 79
Der Knubbel 13
Der kranke Bär 36
Der Kriechmolch 25
Der Kunstreiter 46
Der Laden 57
Der Meckerfritze 18
Der mit den Pflaumen 58
Der Mond 92
Der Mops 40
Der Mund 38
Der Nachtisch 78
Der Nasenklauer 11
Der Papagei 12
Der Regen 28
Der rote Drachen 22
Der Sandbagger 42
Der Saurier 43
Der Schatz in der Faust 94
Der Schlüsselbund 29
Der Storch 27
Der Streichelbär 34
Der Strudel 66
Der Tatzelwurm 55
Der Taubenschlag 88
Der Tränenwegwischer 39
Der Traum 11
Der Trippeltrappel 34
Der Wasserkrauler 69
Der Wassermann 70
Der Wasserpropeller 66
Der wilde Stier 87
Der Wolkenkratzer 30
Der Wüterich 47
Dideldadeldu 56
Die alte Riesenhand 82
Die Ente 25
Die Geschichte von den Hasen 61
Die Geschichte von Maxe 20
Die Glockenfrau 88
Die Hasen 46
Die Hexe 87
Die Hochzeit 59
Die Insel 71
Die Kitzelkatze 70
Die Kringel 28
Die Krispeln und Kraspeln 78
Die Kuchenrolle 44
Die Landkarte 77
Die Linde 64
Die Mausegeschichte 60
Die müde Kuh 70
Die Muscheln 68
Die Pute 38
Die Rabatz-Macher 10
Die Radeltour 24
Die Räuberbande 14
Die Rinderherde 50
Die Schmusekatze 11
Die Trommler 17
Die ungleichen Zwillinge 61
Die Vogelmutter 16
Die Wackelgans 56
Die Wasserfee 68
Die Zappelmänner 64
Die Zuckerstange 80
Drei Hände 92

Ein Märchen 23
Ein Taler auf die Hand 19
Eine Gummitype 90
Eine kitzelige Angelegenheit 50
Einsturzgefahr 22
Eiskunstlauf 30
Es war einmal ein Mann 64

Familie Sandmüller 47
Finger auf Wanderschaft 76
Fingerabdrücke 90
Fingerfische 72
Fingerrätsel 57
Fingerschattenbilder 86
Fingerspitzentänzerin 86
Fischen gehen 68
Franz Xaver – der Trostspender 36
Fräulein Blüm 32
Fridolin 78
Frühmorgenmassage 10
Frühstück wird kalt 14
Fünf Hunde hat der Franz 83
Fünf Tröstefinger 34
Fünf-Finger-Massage 12
Fünfmal streicheln 52
Fußball mit der Hand spielen 87

Gespensterhaus 55
Große Wäsche 69
Grüne, rote, blaue Hände 53
Guten Tag, Madam 22

Handabdrücke 47
Hände drucken 48
Handlesen 52
Handschuh mit Glöckchen 86
Heile, heile Kätzchen 40
Herr Brummel und Frau Lächel 35
Himpelchen und Pimpelchen 56

Ich fühle was, was du nicht siehst 74
Im Garten 44
Im Zirkus 89

Kätzchen und Spätzchen 29
Katzentatzen 45
Kauf dir ein Kälbchen 59
Kleckermatsche 44
Kleines Glück 38
Klöpse 45
Knubbel fangen 80
König und Königin 87
Krauchkrauchkrauch 76
Kraulkraul – das Kriechmaul 19
Kribbelkrabbelkriecher 18
Kröten-Singsang 40
Kunigunde und ihr Vetter 22

Landeplatz 48
Lirum-Larum-Fingerspiel 26
Lorchen und Dorchen 83
Lüttje Mahler 19

Madam Tri-Tra-Trulla 61
Marienkäfer streicheln 89
Max und Ute 52
Mein Freund Ploppplopp 10
Meister Boller 32
Melonensalat 57
Mit dem Auto unterwegs 62
Morgenstündchen 13
Mucki Fucki 64

Nick 26

Patsche, patsche Peter 20
Pfannekuchen 26
Piddelbuste 67
Pudding kochen 17
Pünktchen und Kreiski 81
Pustespiel 39

Ringlein, Ringlein 39
Rosinenbrot auf die Hand 29

Sandbilder 42
Sandmann 42
Schattenspiel mit Händen 95
Schmusespiel 70
Seenlandschaft 74
Segelschiffe 71
Sonnenschein 34
Sonnenspiel 45
Spinnenlange Hexenfinger 88
Stein, Schere und Papier 32
Sternenspiel 95
Süppelknarr und Schnurrimarr 77

Tante Kunigunde 62
Teddygrüße 40
Tirolerhut 51
Tischkantentheater 25
Treffpunkt Ozean 71
Tröpfeltannen 42
Tuck, tuck, tuck, ihr Hühner 23
Turnstunde 55

Vier Fohlen 24
Von Hexen und Seifenschaumschlössern 55

Wahrsagen 93
Was Hände können 67
Was sich zehn Finger wünschen 51
Waschlappenviecher 72
Wassermann und Wasserfrau 69
Wenn Besuch kommt 20
Wenn das Unwetter vorbei ist 38
Wenn der Daumen tanzen geht 12
Wenn die Aufwecker kommen 10
Wenn Finger baden gehen 72
Wenn Finger den Weg nicht kennen 20
Wenn Finger zum Tanzen gehen 74
Wenn sich zwei Hände treffen 45
Wenn sich zwei Hände verkrachen 81
Wer wohnt in dem Haus? 27
Wir beide 14
Wo die Tiere wohnen 26
Wo steckt Victoria? 16
Wühlmäuse 44

Zehn Elefanten 63
Zehn Guten-Morgen-Küsse 13
Zehn Helfer 71
Zehn kleine Finger 84
Zum Frühstück Hühnchen 10
Zwei Rehe 92